Couverture inférieure manquante

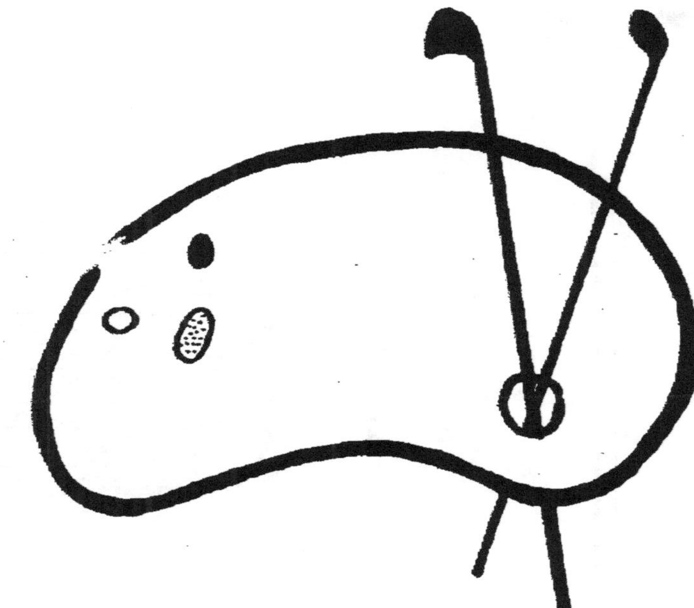

DEBUT D'UNE SERIE DE DOCUMENTS EN COULEUR

RENÉ II, DUC DE LORRAINE

ET

LE COMTÉ DE GUISE

PAR

LÉON GERMAIN

BIBLIOTHÉCAIRE DE LA SOCIÉTÉ D'ARCHÉOLOGIE LORRAINE.

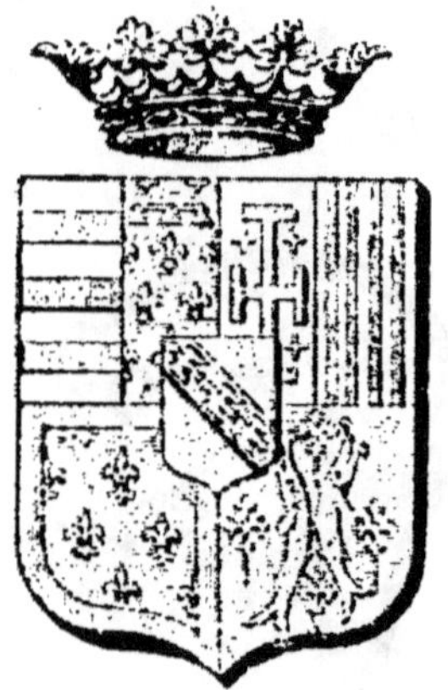

NANCY

TYPOGRAPHIE DE G. CRÉPIN-LEBLOND, PASSAGE DU CASINO.

1888

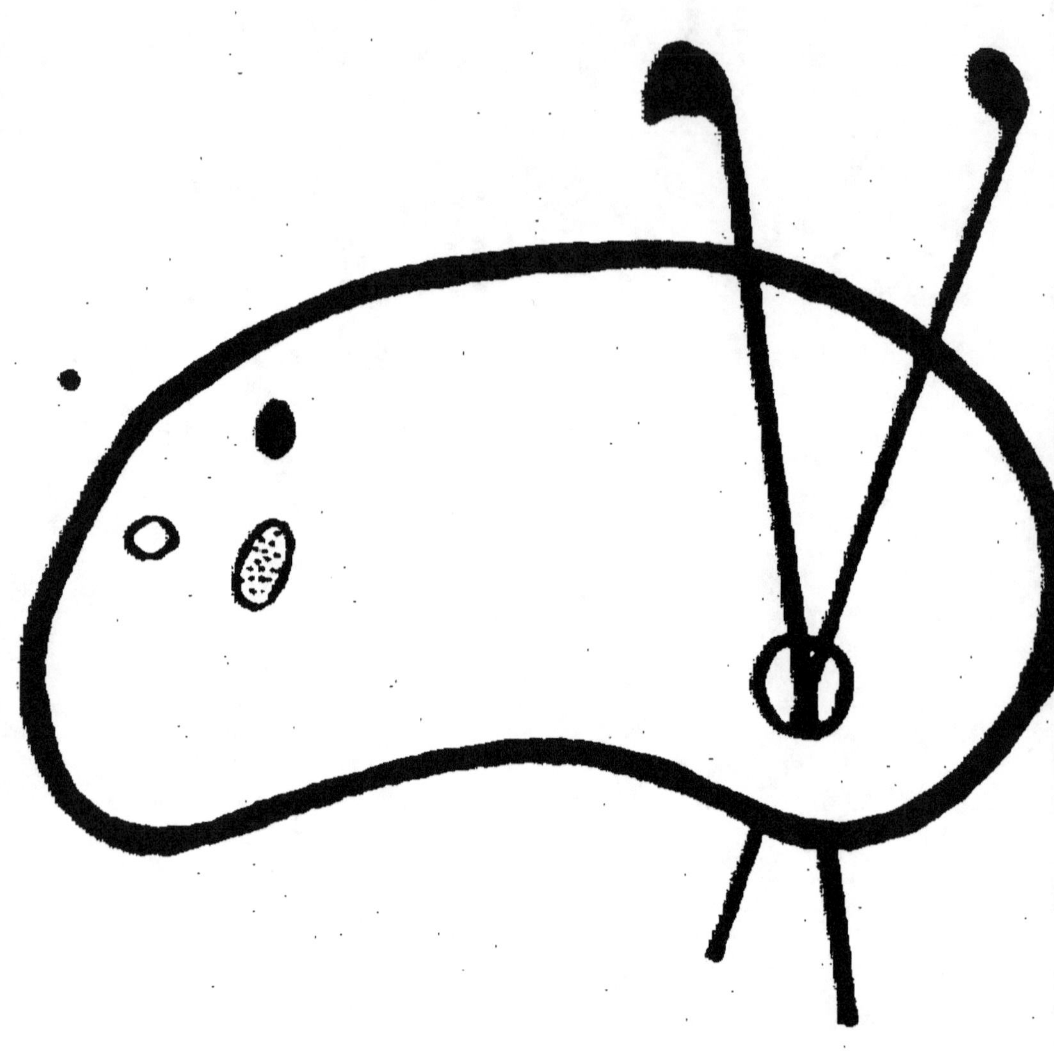

FIN D'UNE SERIE DE DOCUMENTS
EN COULEUR

RENÉ II, DUC DE LORRAINE

ET

LE COMTÉ DE GUISE

PAR

LÉON GERMAIN

Bibliothécaire de la Société d'Archéologie lorraine.

NANCY

TYPOGRAPHIE DE G. CRÉPIN-LEBLOND, PASSAGE DU CASINO.

—

1887

RENÉ II, DUC DE LORRAINE

ET

LE COMTÉ DE GUISE

L'histoire du comté de Guise, aux xiv° et xv° siècles, est longtemps demeurée très obscure. Un grand nombre d'écrivains anciens ont fait arriver la terre de ce nom à la Maison de Lorraine par le mariage du duc Raoul avec Marie de Blois; d'autres, par la Maison d'Anjou, au moyen de la succession naturelle et immédiate du roi René.

En 1852, M. Soyer-Willemet (1), après avoir vainement cherché la solution du problème dans l'*Histoire des ducs de Guise*, par M. E. de Bouillé, est parvenu à démontrer, d'une façon très claire et certaine, que

(1) *Quand et comment le comté de Guise échut à la Maison de Lorraine*, dans les Mém. de l'Acad. de Stan. de 1852.

Guise n'a pu échoir à la Maison de Lorraine qu'à la fin du règne de René II, par héritage indirect de la Maison d'Anjou, bien que ce comté eût appartenu pour un temps au roi René, duc de Lorraine de 1431 à 1453. Mais M. Soyer-Willemet n'a pas développé le sujet dans la mesure que les historiens demandent aujourd'hui; en outre, il a ignoré le moment précis où René II put légalement réclamer Guise, avec plusieurs autres seigneuries. La découverte d'une série de documents, restés inconnus, qui se rattachent à cette affaire nous dispose à y revenir; ces documents sont transcrits dans l'un des registres des lettres patentes de Lorraine; ils apportent un jour nouveau sur la question.

Suivant M. Soyer, l'erreur de la plupart des historiens provient d'une confusion entre Marie de Blois, fille de Guy de Châtillon, comte de Blois, femme de Raoul, duc de Lorraine, et Marie, fille de Charles de Châtillon, dit de Blois, duc de Bretagne, femme de Louis de France, duc d'Anjou. Cette dernière avait reçu en dot la terre de Guise, dont jouit paisiblement la seconde Maison d'Anjou, jusqu'à l'époque du roi René.

Nous comptions d'abord ne point nous arrêter ici sur les erreurs, très bien réfutées par M. Soyer, qui touchent la transmission du comté de Guise; nous voulions simplement faire connoître les véritables possesseurs successifs de ce fief, de Louis I d'Anjou jusqu'à René II, ou plutôt son fils Claude, qui devint duc de Guise. Cependant l'on nous a engagé à citer les vieux auteurs qui se sont trompés dans cette question, d'autant plus que la nomenclature de notre prédécesseur est incomplète et ne remonte pas assez haut. En effet, le plus ancien écrivain que cite à ce propos M. Soyer est Jean Mussey, curé de Longwy, qui publiait en 1712 son curieux ouvrage intitulé *La Lorraine ancienne et moderne*; or, plus d'un siècle et demi auparavant, l'erreur avait été émise par différents écrivains, dont un hérant d'armes de Lorraine.

Nous nous sommes donc rendu au conseil qui nous était donné; sans rechercher l'opinion de tous les anciens auteurs sur le sujet qui nous occupe, nous commencerons par citer ceux que nous connaissons pour avoir ignoré la vérité.

Exposé des erreurs des anciens historiens.

Dans ses *Antiquitez de la Gaule belgicque*, imprimées en 1549, Richard de Wassebourg donne à Ferry I de Lorraine, devenu comte de Vaudémont par son mariage avec Marguerite de Joinville, le titre de « comte de Guise » (f. cccclix); un peu plus loin, il le qualifie seulement « seigneur de Guise » (f. cccclxi); dans la suite, il se contredit en plaçant au nombre des enfants de René d'Anjou et d'Isabelle de Lorraine : « Charles comte de Guise », qui, ajoute-t-il, mourut jeune (f. cccclxxv).

A propos de la pompe funèbre du premier duc de Guise, qui eut lieu en 1550, le héraut d'armes Emond du Boullay, au compte duquel nous aurions à mettre bien d'autres graves erreurs, donne au même Ferry de Lorraine le titre de « comte de Guyse (1) ».

(1) *Enterrement... de Claude de Lorraine, duc de Guyse...* 1620, p. 173 et 183.

Nicolas Clément, auteurs des *Rois et Ducs a'Austra-sie*, dont la première édition est datée de 1591, donne aussi cette qualification à Ferry de Lorraine (1).

Parlant, dans son *Catalogue*, du travail de M. Soyer-Willemet, M. Noël cite quelques vieux auteurs qui ont commis la même inexactitude : « Daucy, *Epitomé des gestes des soixante-trois ducs de Lorraine*, etc., n° 6 (2), feuillet 240, verso, dit qu'à la mort du duc Jean, Ferry, son fils puîné, eut pour son lot de partage le comté de Guise, et plus loin, il appelle Ferry II, père de René II, comte de Vaudémont et de Guise. Du Haut, *Epitomé des gestes des très-illustres et sérénissimes ducs de Lorraine*, etc., n° 1982 (3), page 40, nomme Ferry, fils du duc Jean, comte de Guise et de Rumigny. Clément, *Les Rois et Ducs d'Austrasie*, etc., n° 1980 (4), page 122, surnomme aussi ce Ferry comte de Guise. De la Ruelle, *Discours des cérémonies, honneurs*, etc., n° 2008 (5), feuillet 167, nomme ce Ferry, son fils Antoine, son petit-fils Ferry, tous comtes de Guise, etc. Au rapport de M. Lieutaud *(Liste alphabétique des personnages nés dans l'ancien duché de Lorraine*, etc.), il existe un vieux portrait gravé, où Ferry,

(1) F° 112 des éditions latines et 122 des édit. françaises.

(2) C'est le n° du *Catalogue* ; il s'agit d'un manuscrit, terminé en 1555.

(3) Manuscrit.

(4) Ouvrage imprimé pour la première fois en 1591, et dont il y a plusieurs éditions.

(5) Imprimé en 1609.

comte de Vaudémont, est surnommé comte de Guise... (1) ».

Cette dernière assertion n'est pas juste : M. Lieutaud ne cite pas de portrait de Ferry qui lui attribue le titre en question (2) ; mais lui-même le donne à ce prince, à son fils Antoine, à son petit-fils Ferry II, et au fils de celui-ci, c'est-à-dire au duc René II.

En 1649, Jérôme Vignier (3), qualifie Antoine de Lorraine : « Comte de Vaudémont et de Joinville, Baron de Guyse » (p. 7). Plus loin, il rappelle un passage de *Jean d'Auchy*, qui donne à Ferry 1 le titre de comte de Guise (p. 201).

Inutile de citer tous les historiens lorrains des xviiie et xixe siècles qui ont émis des erreurs relatives à la question dont nous nous occupons ; nous rappellerons plus loin les allégations de Dom Calmet et de Mussey ; bornons-nous à citer encore le P. Leslie (4), l'abbé Bexon (5), et le baron de Zurlauben (6), qui se trompe doublement en disant que Ferry de Lorraine était « seigneur de Guise », et que Marguerite de Joinville lui apporta en mariage, avec le comté de Vaudémont et

(1) *Catalogue rais. des collections lorraines de M. Noël*, t. III. p. 866.

(2) Du moins dans la seconde édition : *Liste alphabétique de portraits lorrains*, juillet 1862, p. 190-191.

(3) *Véritable origine...* 1649.

(4) *Abrégé de l'hist. généal. de la Maison de Lorr.* 1742.

(5) *Hist. de Lorr.*, 1777, p. 135.

(6) *Tables généal. des aug. Maisons d'Autriche, de Lorraine...*, 1770.

la seigneurie de Joinville, *les terres de Boves et de Martigny* (1).

Les historiens français ont suivi les mêmes errements ; qu'il nous suffise de mentionner le P. Anselme ou ses continuateurs, donnant : à Antoine de Lorraine, les qualités de « comte de Vaudemont, de Guise et de Joinville » ; à Ferry II, celles de « comte de Vaude‑mont et de Guise, seigneur de Joinville » ; enfin à son fils le duc René II, les titres de « duc de Lorraine et de Bar, comte de Vaudemont, de Guise et d'Aumale, baron de Joinville, etc. (2) ».

Nous ne reproduirons pas le passage de la *Lorraine ancienne et moderne* auquel M. Soyer a fait allusion et dans lequel Jean Mussey, discutant les opinions diverses des historiens, se prononce en faveur de l'apport du comté de Guise au duc Raoul, par sa femme Marie de Blois. Il donne ensuite la liste des princes lorrains qui possédèrent cette terre ; en voici le commencement, qui est entièrement fautif (p. 254).

« Depuis l'alliance que le Duc Raou fit avec Marie Comtesse de Blois et de Guise, le Comté de Guise est demeuré uni à la Maison de Lorraine, et même y a tou‑jours fait l'appanage des Cadets de la Famille, comme il se reconnoîtra cy-après à l'article d'un chacun.

(1) **Ferry** était seigneur de *Boves*, en Picardie, et de *Rumigny*, en Thiérache. Martigny était une terre secon‑daire, dépendant de Rumigny.

(2) *Hist. généal. de la Maison de France...*, 3ᵉ édit., t. VIII, p. 451, v. aussi t. III, p. 478. — Pour abréger, et à l'exemple de M. Soyer-Willemet, nous citerons, dans la suite, cet ouvrage par le nom de son auteur primitif, le P. Anselme.

» JEAN, fils unique de Raou, posséda les deux Etats ensemble ; sçavoir le Duché de Lorraine et le Comté de Guise. Il laissa deux fils, Charles et Ferry, l'aîné desquels eut le Duché et régna sous le nom de Charles II, Duc de Lorraine.

» *Ferry I*, étant le cadet de Jean, eut le Comté de Vaudemont et fut Comte de Guise.

» *Antoine*, fils de Ferry, eut le Comté de Vaudemont et fut Comte de Guise.

» *Ferry II*, fils d'Antoine, eut le Comté de Vaudemont et fut Comte de Guise.

» RENÉ II, fils de Ferry II, porta en sa jeunesse la qualité de Comte de Guise ; et la race d'Anjou étant éteinte en Lorraine, il monta sur le trône par droit de succession... ».

Une chose extraordinaire, parce que l'on n'en voit pas le but, c'est que, plus loin, aux articles des trois comtes de Vaudémont, Mussey tente de justifier leur droit sur Guise en citant, comme tirées des archives de Beaupré, des chartes évidemment fausses ou imaginaires.

Voici ce qu'il dit au sujet du premier (p. 276):

« Pendant que Charles frère aîné de Ferry tint le Trône du Duché de Lorraine, celui-ci son cadet ne porta que la qualité de Comte de Guise : et nous trouvons qu'en l'an 1410, il signa une Chartre en faveur de l'Abbaye de Beaupré, confirmative de ses droits, qui commence par ces mots : *Moy Ferry de Lorraine, Comte de Guise et de Vaudemont, fils de Jean Duc de Lorraine*, etc. » — En note : « *Ego Fridericus à Lotharingia Comes de Guise et Vadani-montis, filius Joannis Ducis Lotharingiæ*, etc. »

Sur le second, il s'exprime ainsi (p. 280) :

« Antoine signa l'an 1437 une Chartre en faveur de l'Abbaye de Beaupré, pour le Moulin proche de Vezelise, sous le nom de Comte de Guise et de Vaudemont, en ces termes : *Moy Antoine par la grace et misericorde de Dieu Comte de Guise et de Vaudemont, etc.* » — En note : « *Ego Anthonius per viscera misericordiæ Dei Comes Guisæ, et Vadani-montis, etc.* »

Enfin, touchant le troisième, il dit (*ibid.*) :

« Il fit dès sa première entrée dans le gouvernement des Etats, sçavoir en 1448, sous le titre de Comte de Guise, la triple fondation de trois Anniversaires en l'Abbaye de Beaupré, qu'il signa en ces termes : *Moy Ferry de Lorraine, Comte de Vaudemont et de Guise, etc.* » — En note : « *Ego Fridericus à Lotharingia Comes Vandani-montis et Guisæ, etc.* »

Cette dernière allégation s'aggrave d'une date impossible : Mussey, comme quelques historiens anciens, croyait, en effet, qu'Antoine, comte de Vaudémont, était mort en 1447, tandis que son décès n'arriva que dix ans plus tard (1) ; par conséquent, en 1448, Ferry II ne possédait pas plus le comté de Vaudémont que celui de Guise.

Il y a six ans, à l'occasion de nos recherches sur Ferry I de Lorraine, comte de Vaudémont, nous avons parcouru les titres de l'abbaye de Beaupré, conservés dans les Archives de Meurthe-et-Moselle, sans y trou-

______

(1) H. Lepage, *Sur la mort d'Antoine de Lorraine, comte de Vaudémont*, dans les *Mém. de la Soc. d'Arch. lorr.* de 1864, t. XIV, p. 273. — V. aussi notre article *Ferry I de Lorraine, comte de Vaudémont*, p. 50 et 81.

ver la charte citée par Mussey. Nous n'avons pas cru devoir recommencer le même travail à propos des deux autres actes ; à cette époque, il est vrai, nous ne nous occupions pas d'Antoine et de Ferry II ; cependant, si les documents en question existaient dans ce dépôt, nous les aurions vus et ils nous auraient certainement frappé. En admettant que Mussey ait eu ces actes entre les mains, on ne pourrait qu'y reconnaître l'œuvre d'un faussaire.

Dom Calmet s'est complètement trompé en disant que le duc Raoul devint Comte de Guise par son mariage. Voici comment il s'exprime :

« Depuis le mariage du duc Raoul avec Marie, comtesse de Blois et de Guise, le comté de Guise est demeuré uni à la Maison de Lorraine, et a fait un apanage d'un des cadets de cette Maison. Jean, fils unique de Raoul, le posséda avec le duché de Lorraine. Il laissa deux fils, Charles et Ferry. Charles fut duc de Lorraine, et Ferry comte de Vaudémont et de Guise. Il laissa ces mêmes terres à Antoine, son fils. Ferry II, fils d'Antoine, porta les mêmes titres (1). » — Mais, l'abbé de Senones se contredit, en reconnaissant que, dès avant son mariage, René d'Anjou portait le titre de comte de Guise (2).

M. E. de Bouillé a, lui-même, singulièrement varié : tout d'abord, il prétend aussi que Raoul, duc de Lorraine, devint possesseur de Guise par son mariage avec Marie de Blois : « Il en reçut, en dot, dit-il, plu-

(1) Dom Calmet, *Hist. de Lorr.*, 1re édit., II, 514 ; 2e édit., III, 333.

(2) Dom Calmet, 1re édit., II, 681 ; 2e édit., III, 534.

sieurs terres considérables, entre autres la seigneurie de Guise, *provenant de l'ancienne Maison d'Anjou (1)* ». Cette dernière assertion, non moins que la précédente est erronée. Quatre pages plus loin, tout au contraire, il qualifie le roi René « comte de Guise », et ajoute en note : « Cette dernière terre lui avait été donnée en apanage, ainsi que celles de Chailly et de Longjumeau, par son père Louis II, roi de Naples et de Sicile (2) ».

Dans la suite, le même auteur retombe dans sa première erreur et y commet encore une contradiction puisque, d'une part, il donne le comté de Guise à Antoine et à Ferry II de Vaudémont, et d'autre part, il le fait apporter au roi René par sa femme, Isabelle de Lorraine (3).

Toutefois, chose remarquable, M. de Bouillé a aussi mentionné le fait, très exact, que la terre de Guise échut à la Maison de Lorraine dès *1504* (4).

Réfutation des erreurs anciennes par M. Soyer-Willemet.

Les opinions contradictoires que nous venons de rappeler suffisent pour faire voir à quel point l'histoire du comté de Guise s'était obscurcie. M. Soyer-Willemet a réussi à déterminer la source de ces erreurs et à les réfuter. Ecoutons-le donc parler.

(1) *Hist. des ducs de Guise*, t. I, p. 29.
(2) *Ibid.*, p. 33, note 2.
(3) *Ibid.*, p. 49.
(4) *Ibid.*, p. 50.

L'auteur prend, pour base de ses observations, les opinions émises dans la *Lorraine ancienne et moderne.*

« C'est, » dit-il, « dans l'article : Réunion du comté de Guise à la maison de Lorraine, p. 253 de l'ouvrage cité, que Mussey décide la question de la possession de ce comté par suite du mariage de Raoul avec Marie de Blois ; et la principale preuve sur laquelle il s'appuie, c'est une charte de Raoul qui commence ainsi : « Nous » Raou, duc de Lorraine, avons donné, du consente- » ment de dame Marie, comtesse de Blois et de Guise, » notre épouse, etc. (1). » Il aurait pu en conclure, au même titre, que Blois appartenait aussi à la Lorraine. Mais, dans les chartes assez nombreuses qui sont venues jusqu'à nous, ni Raoul, ni Jean, ni les trois comtes de Vaudémont leurs descendants, ne prennent le titre de comte de Guise. (Voir les titres imprimés dans les preuves de Jér. Vignier, Baleicourt, D. Calmet, etc.). Bien plus, nous avons le partage entre Charles II, duc de Lorraine, et son frère Ferry I, comte de Vaudé-mont, des biens de la succession de leur père Jean I (Baleicourt, p. cxlix ; Corps diplomatique, II, 1re partie, p. 228), et il n'est nullement question de Guise dans l'énumération des terres que le duc abandonne à son frère (2). Nous possédons encore, dans le Cartulaire de

(1) Ce formulaire est tout à fait inadmissible ; les ducs ne mentionnaient pas en ces termes le consentement de leurs femmes ; en outre, Raoul se qualifiait *« duc de Lorraine et marchis »*. Cette charte, non publiée par Dom Calmet, qui aurait pour objet une donation à l'abbaye de Beaupré, paraît fausse ou imaginaire, comme celles des comtes de Vaudé-mont que Mussey dit avoir tirées des archives de la même abbaye.

(2) V. notre travail : *Ferry Ier de Lorraine, comte de Vaudémont (1393-1415)* ; Nancy, 1881, p. 10.

Lorraine de la Bibliothèque publique de Nancy, 1re partie, p. 169 et suivantes, une copie de tous les actes qui ont rapport à la querelle entre René d'Anjou et Antoine de Vaudémont, actes dans lesquels les deux rivaux interviennent, le premier avec le titre de comte de Guise, et le second sous le simple titre de comte de Vaudémont. Un de ces actes, la Sentence arbitrale de 1440, est imprimé dans Leibnitz, *Codex diplomaticus*, I, 371, et dans le Corps diplomatique, III, 1re partie, p. 94. Quant à Ferry II, qui, comme on le sait, avait épousé la fille de René, Yolande d'Anjou, il eût pu être comte, si, comme l'affirme l'abbé Expilly (Dict. de la France, III, p. 699), sa femme avait hérité du comté; mais cette assertion est de toute fausseté (1). Il faut conclure de tout cela que le P. Anselme s'est trompé quand il donne (Hist. généalog., VIII, p. 451) à Antoine et à Ferry II de Vaudémont le titre de comtes de Guise : c'est l'erreur de Dom Calmet, qui a passé dans cet ouvrage, ordinairement si exact (2).

» Cette erreur pourrait bien venir de ce qu'il y a eu

(1) « Les pièces qu'on peut consulter et qui le prouvent sont: la Sentence arbitrale de 1435 (J. Vignier, Origine, p. 209 ; Corps diplomatique, II, 2e part., p. 248 ; D. Calmet, 2e édit., preuves, p. cxliij) ; l'Acte de cession du Duché de Lorraine (J. Vignier, l. c., p. 287 ; Corps diplomatique, III, 1re part., p. 460 ; D. Calmet, l. c., p. ccxxxvj) ; le Testament d'Yolande (Baleicourt, p. ccxj ; Corps diplomatique, III, 2e part., p. 449 ; D. Calmet, l. c., p. cclxxxij). » — Ajoutons que le mariage en question eut lieu en 1445; or, il est certain que René n'était plus, à cette époque, en possession du comté de Guise.

(2) Il y aurait à voir si cette erreur ne se trouve pas déjà dans les éditions de l'*Hist. généal.* antérieures à l'*Histoire de Lorraine.*

deux Marie de Blois, la fille de Gui de Châtillon, premier de nom, comte de Blois, et celle de Charles de Châtillon, dit de Blois, duc de Bretagne ; quoique cette dernière eût porté plus communément le nom de Marie de Bretagne ou de Châtillon, cependant on la nommait aussi Marie de Blois (Voir Choppin, Domaine de la couronne de France, Livre I, titre viij, § 5 ; Anselme, l. c., p. 229). Voici le degré de parenté qui était entre elles deux, et la généalogie de la famille jusqu'à René d'Anjou :

Guy de Châtillon 1er du nom.

Louis de Châtillon, 1er du nom, comte de Blois et de Soissons, etc. ;	Charles de Châtillon, dit de Blois, duc de Bretagne, seigneur de Guise, 1er comte de Penthièvre ;	Marie de Châtillon, dite de Blois, femme en premières noces de Raoul, duc de Lorraine.

Jean de Bretagne ; Gui de Bretagne ; Henri de Bretagne ; Marguerite de Bretagne ;	Marie de Bretagne, dite de Blois, femme de Louis de France, 1er du nom, duc d'Anjou, roi de Naples, etc.	
	Louis II, roi de Naples, époux d'Yolande d'Aragon ;	Charles d'Anjou ; Marie d'Anjou.

Louis III, roi de Naples ;	René d'Anjou, duc de Lorraine, etc.	Charles d'Anjou ; Marie d'Anjou ; Yolande d'Anjou ;

» Marie de Blois, première de nom, épousa Raoul, duc de Lorraine, en 1334. Le contrat de mariage porte que le comte de Blois donnera à sa fille : « Vingt-deux
» cents cinquante livres tournois de rente, à prendre
» sur la debte du comte de Flandres, avec vingt mille
» livres tournois en deniers. Et le duc la doue de six
» mille livres (livrées) de terre en la terre de Boues (1),
» de Caiz (2), de Harbommes (3), de Rumigny (4) et
» d'Aubenton (5) ». (Duchesne, Maison de Châtillon, preuves, p. 102). On voit qu'il n'est pas du tout question de Guise (6).

» Marie de Blois, deuxième du nom, nièce de la précédente, se maria en 1360 avec Louis de France, comte d'Anjou et du Maine, roi de Naples, etc., fils du roi Jean-le-Bon, et de Bonne de Luxembourg. Par le contrat de mariage, « le duc de Bretagne et sa femme don-
» nent à la dite Marie, leur fille émancipée... et à leurs
» hoirs, toute la terre, chasteaux et chastellenies et
» villes de Guise, de Irson et de Oisy ; et la chastelle-
» nie et terre d'Anglecourt, et autres pays de la dite
» terre de Guise, sans rien retenir. » (Duchesne, l. c., p. 134. Voir aussi Lobineau, *Hist. de Bretagne*, II, p. 499). Il est impossible de rien voir de plus clair, et au-

(1) Boves, canton de Sains, arr. d'Amiens, Somme.
(2) Caix, canton de Rosières, arr. Montdidier, Somme.
(3) Harbonnières, même canton.
(4) Ch.-l. de canton, arr. de Rocroy, Ardennes.
(5) Ch.-l. de canton, arr. de Vervins, Aisne.
(6) « Dom Calmet (1re édit., II, p. 513 ; 2e édit., III, p. 333) a mis Guise en place de Caix, qu'il ne connaissait probablement pas. »

cune portion de ce comté n'appartenait donc à Jean, duc
de Lorraine, ni par conséquent à ses enfants. »

« L'abbé de Longuerue », dit plus loin M. Soyer,
« en faisant usage de documents qu'il a puisés dans
Duchesne (l. c.), et dans Dupuy (Traité des droits du
Roy, depuis la page 531 jusqu'à la page 538), a si bien
résumé l'histoire du comté de Guise, que je ne puis
mieux faire que de le copier entièrement. » Suit une
longue citation, à laquelle M. Soyer a joint des notes,
« soit pour prouver et expliquer les différentes phases
de cette histoire, soit pour corriger les erreurs qu'elle
contient ».

Plutôt que de reproduire textuellement cette partie
du travail, nous préférons refondre les renseignements
que l'on y trouve avec ceux que nous avons découverts
ailleurs, et former du tout l'exposé réel de la transmission du comté de Guise.

Le comté de Guise, du XIIIᵉ siècle à la mort du roi Louis XI (1483).

Le comté de Guise, dit M. Lecoy de la Marche, « était
venu dans la maison de Blois au commencement du
xiiiᵉ siècle, par Marie, fille de Gautier d'Avesnes et de
Marguerite, comtesse de Blois ; elle-même en avait
hérité de son père... (1) ». Marie d'Avesnes, comtesse
de Blois, morte en 1241, épousa, en effet, Hugues I de
Châtillon, comte de Saint-Pol, et fut mère de Jean de
Châtillon, comte de Blois. On ne sait pas exac-

____

(1) Lecoy de la Marche, *Le roi René*, I, 21, note 3.

tement à quel moment la terre de Guise commença à
être qualifiée de comté.

M. Soyer, citant l'abbé de Longuerue, s'exprime
ainsi : « Jean de Châtillon, comte de Blois, porta le
nom de comte de Guise (1), ensuite Charles de Châtillon (2), qui descendait de ce comte et qui prétendait au
duché de Bretagne ; ayant marié sa fille Marie avec
Louis, fils de France, duc d'Anjou, il lui donna en
mariage le comté de Guise (3) ». Cette alliance eut lieu
le 9 juillet 1360 (4).

« De ce mariage, continue l'abbé de Longuerue, vint
Louis II, roi de Sicile, qui posséda le comté de Guise,
comme son fils René. »

Louis I d'Anjou mourut le 20 septembre 1384 ; par
son testament, en 1383, il donna le comté de Guise à
son fils cadet, Charles d'Anjou (5) ; mais celui-ci étant
décédé sans enfants en 1404, son frère Louis II, roi de
Sicile, recueillit sa succession (6).

(1) « Duchesne, l. c., p. 103. Preuves, p. 56. » (Note de
M. Soyer.)

(2) « *Idem*, p. 204 ; Preuves, p. 118. » (Note du même).

(3) « *Idem*, preuves, p. 134 ; Lobineau, Hist. de Bretagne,
II, p. 500 ; Corps diplomatique, suppl., I, 2ᵉ part., p. 183 ;
— Choppin, l. c., livre III, titre vj, § 4, fait observer que
le comté de Guise a passé dans différentes familles par les
femmes ; c'est ce qu'on voit en effet dans le récit que nous
transcrivons ici. » (Note du même.)

(4) V. le contrat de mariage dans Duchesne, *Maison de
Châtillon*, pr..., p. 134 ; v. aussi Lobineau, *Hist. de Bretagne*, t. II, p. 499, et le Corp. dipl., suppl. Iᵉʳ, 2ᵉ part., p.
183.

(5) « Sainte-Marthe, Maison de France, I, p. 811 ; Anselme, l. c., I, p. 229. » (Note du même.)

(6) « Martène, *Thes. nov. anecdot.*, I, col. 1603 ; Corps
diplomatique, II, 1ʳᵉ part., p. 181. » (Note de M. Soyer.)

Ce dernier mourut le 29 avril 1417, et par son testament, antérieur de deux jours, donna le comté de Guise à René (1).

Ainsi que le remarque très bien M. Lecoy de la Marche (2), René devint comte de Guise « en vertu du testament de son père, et non d'un acte rendu par Yolande d'Aragon le 5 janvier 1424, comme le dit M. de Villeneuve-Bargemont (I, 61). Cet acte n'a pour objet que l'émancipation de René et la cession de tous les droits que sa mère pouvait avoir gardés. (Arch. nat., KK. 1117, f° 955 v°.) »

Dès ce moment (1417), jusqu'à l'année 1432, René porta, dans ses actes, la qualité de comte de Guise ; citons seulement son contrat de mariage avec Isabelle de Lorraine, dressé à Foug, le 20 mars 1418 (1419 n. st.) (3), et les lettres du 24 juin 1419 par lesquelles sa mère, Yolande, et son frère aîné, Louis, consentent à ce qu'il prenne et porte les armes de Bar, comme héritier universel du duché de Bar (4).

(1) « Nostradamus, Hist. de Provence, p. 558 ; Sainte-Marthe, l. c., I, p. 819 ; Dupuy, l. c., p. 385 ; de Villeneuve, René d'Anjou, I, p. 22. » (Note du même.) — V. aussi Lecoy de la Marche, *ibid.*, I, 33-35.

(2) Lecoy de la Marche, *ibid.*, I, 63, note.

(3) Le contrat est imprimé dans : Baleicourt (Hugo), p. clxxviij ; Dom Calmet, 1re édit., III, pr., clxxxij, et 2e édit., VI, pr., cxj ; Leibnitz, *Codex diplomaticus*, I, 316 ; Dumont et Rousset, *Corps diplom.*, II, 2e part., 117. — Arch, nat.. K 60, n° 14 ; KK 1123, f° 10 v°. Bibl. nat. ms. fr. 2746, f° 81.

(4) Arch. de M.-et-M., Lay. *Bar, Chambre des Comptes*; *Revigny 3*, n° 70. — V. Lecoy de la Marche, *ibid.*, I, 56-57,

René d'Anjou paraît être resté possesseur du comté de Guise jusque vers 1421, époque où, par suite des troubles politiques qui agitaient la France, et dans des circonstances assez compliquées, il en fût évincé, par Jean de Luxembourg, qui devint comte de Ligny.

Ce dernier était le troisième fils de Jean de Luxembourg, seigneur de Beaurevoir, et de Marguerite d'Anguien, héritière du comté de Brienne et autres terres ; il épousa Jeanne de Béthune, vicomtesse de Meaux, dont il n'eut pas d'enfants. C'est lui qui, constamment ennemi de la France, livra Jeanne d'Arc aux Anglais. Depuis longtemps il convoitait le comté de Guise et se l'était fait adjuger, vers l'année 1422, par le roi d'Angleterre, à charge de le conquérir (1).

« En 1424, dit M. Girault de St-Fargeau, Guise était
» la seule ville de Picardie qui tînt encore pour le roi,
» toutes les autres places de cette province étant à
» cette époque entre les mains des Anglais et des Bour-
» guignons. Jean de Luxembourg, qui voulait à la

d'apr. Dom Calmet, Preuves, t. III, (col. CLXXXV) et Arch. nat., KK 1117 (f° 148 v°).

Citons encore la charte ainsi analysée dans le *Catal. des Arch. de l'abb. de Saint-Mihiel*, 1853, n° 262 :

« **1424**, 29 septembre. — René fils du Roy de Jérusalem et de Secille, duc de Bar et marquis du Pont, conte de Guize, renouvelle le traité d'accompagnement avec l'abbé et le couvent de St-Mihiel. » Orig.

Voir, de plus, deux chartes de 1429, publiées par M. Lecoy de la Marche, *ibid.*, II, 217, 219.

(1) *Dictionnaire* de Moréri, édit. de 1759, ou v. *Luxembourg*, Branche de St-Paul, degré XII. — Jean de Luxembourg, seigneur de Beaurevoir, était fils de Guy, comte de Ligny, et de Mahaut de Châtillon.

» faveur de quelques prétentions chimériques s'appro-
» prier le comté de Guise, se chargea de soumettre
» cette place, défendue par Jean de Proisy... Le siège
» commença au mois d'avril, et ne se termina qu'en
» septembre (1) par une capitulation honorable, por-
» tant que la ville serait rendue le 1er mars 1425, si
» dans l'intervalle elle n'était pas secourue. Le 1er mars,
» elle fut remise à Jean de Luxembourg, qui devint
» possesseur de tout le comté de Guise, et le conserva
» jusqu'à sa mort, arrivée en 1440 » (2).

M. Lecoy de la Marche rapporte aussi ces événements à propos d'une curieuse lettre adressée à Charles II, duc de Lorraine, par le duc de Bedford, lieutenant du roi d'Angleterre. « Jean de Luxembourg, allié des Anglais, venait d'entreprendre le siège de Guise, qui appartenait en propre à René..., mais que ce seigneur s'était fait adjuger de la même manière que Bedford s'était fait donner l'Anjou et le Maine, à la charge de s'en emparer. Le capitaine de la place, Jean de Proissy, ancien gouverneur du comté de Guise, se mit en devoir de résister. Le prétendu régent se plaignit au duc Charles, en invoquant le traité d'alliance conclu entre son maître et lui. Charles répondit que Guise était l'héritage particulier du duc de Bar (3) et ne dépendait en rien de son autorité... (4). Les deux ducs, craignant de

(1) Cf. Lecoy de la Marche, *ibid.*, I, 63. (V. un peu plus loin.)

(2) Girault de St-Fargeau, *Dict. des communes de France.*

(3) C'est-à-dire René, qui était duc de Bar depuis 1419.

(4) M. Lecoy de la Marche donne le résumé de cette lettre, datée du 22 août 1424. (Bibl. nat., Lorraine 6, n° 159.)

mettre leur pays en guerre avec l'Angleterre et la Bourgogne, n'envoyèrent pas de secours à la ville, qui, après avoir capitulé, le 18 septembre 1424, dut rester aux mains de Jean de Luxembourg. Un tel dénouement affligea vivement René, dont le conseil avait agi pour lui en cette circonstance et négocié auprès de Philippe le Bon pour faire cesser l'attaque (1). Bien qu'émancipé depuis plusieurs mois par sa mère, bien qu'ayant droit, par l'âge qu'il venait d'atteindre (2), à être mis directement en possession des terres dont son beau-père avait jusque-là la jouissance et la garde, il était toujours sous la dépendance de ce dernier. Aussi, dut-il subir, à ses dépens, les exigences de la politique lorraine (3)... »

On ne sait comment concilier, avec ces faits positifs, une autre version d'après laquelle le roi de France, ayant confisqué la terre de Guise sur les héritiers de Louis II d'Anjou, se serait entendu avec le roi d'Angleterre, son ennemi, pour la donner à Jean de Luxembourg. M. Lecoy de la Marche, dans son remarquable ouvrage sur le roi René, ne fait point mention de cette opinion, suivie par différents écrivains.

Dans un travail de valeur, récemment publié, nous lisons en effet : « Jean de Luxembourg, seigneur de Beaurevoir et de Choques ... épousa Jeanne de Béthune, veuve de Robert de Bar, laquelle, en qualité de tutrice de sa fille Jeanne, gouvernait les comtés de Marle et de Soissons. *Grâce à un don du roi Charles VI, daté*

<hr>

(1) « Monstrelet, IV, 199 ; Vallet, II, 8. »
(2) René avait alors 15 ans, étant né le 16 janvier 1409.
(3) Lecoy de la Marche, *ibid.*, I, 63-64.

de février 1422, Jean put unir au beau fief de Marle le comté voisin de Guise confisqué sur René d'Anjou, et qu'il conserva jusqu'à sa mort arrivée en 1440 ... (1). »

L'abbé de Longuerue a dit également : « Les biens de René furent confisqués l'an 1422 par le parti anglais qui était maître de la personne de Charles VI, et ce fut sous l'autorité de ce roi ... que Jean de Luxembourg, qui descendait de Mahaud de Châtillon, comtesse de Saint-Paul, fut mis en possession du comté de Guise. »

M. Soyer, dans une note (p. 338-339), parle de cette version, qu'il a relevée dans Dupuy. Nous croyons devoir reproduire les termes dont il se sert à ce sujet :

« Le Roy Charles VI, dit Dupuy (l. c., p. 532), estant
» au pouvoir des Anglois le 4 juin 1422, donna le comté
» de Guise à Jean de Luxembourg, comte de Ligny,
» du consentement du Roy d'Angleterre se disant héri-
» tier du Royaume, pour ce qu'il tenoit son party,
» ayant ledit comté esté confisqué sur les enfans de
» Louis II duc d'Anjou, qui tenoient le party du Daufin
» Charles contre le Roy son père et les Anglois. »
C'est probablement aux archives du Royaume que Dupuy a vu les preuves de ce qu'il avance ; car il n'en est fait mention nulle autre part à ma connaissance. Ni les chroniqueurs (Mons'relet, le Religieux de Saint-Denys, Juvenal des Ursins, Berry, Pierre de Fenin, Saint-Remy, le Bourgeois de Paris, George Chastellain) ; ni les corps diplomatiques (Dumont et Rousset,

_____

(1) *Paris pendant la domination anglaise, 1420-1436. — Documents extraits des registres de la Chancellerie de France,* par Auguste Longnon ; Paris, 1878, p. 32, note. — Charles VI mourut le 21 octobre 1422. La date Février 1422 serait donc dans le nouveau style.

Rymer) ; ni les historiens, tant de France, d'Anjou, de Provence, que de Luxembourg, ne font mention de la confiscation, pas plus que du don qui aurait été fait, à cette époque, à Jean de Luxembourg. On sait que ce dernier était capitaine général de la Picardie pour le Roi (Monstrelet, livre I, chap. ccxl et cclxv). Il ravagea le pays et fit le siège de la ville de Guise en 1420 (Monstrelet, l. c., ch. ccxxxix ; Nic. Vigner, Maison de Luxembourg, p. 600 et 601) ; mais il ne la prit qu'en 1424 (Monstrelet, livre II, chap. xxij ; Pierre de Fenin, édit. de Mlle Dupont, p. 24). Ce n'est que de cette époque, selon Saint-Remy (Jean Leclerc dit Toison d'Or), qu'il prit le titre de comte de Guise (Saint-Remy, ch. cxxix), titre que lui donne Maurice, Blason de la Toison d'Or, p. 15 ».

Jean de Luxembourg était donc possesseur effectif du comté de Guise lorsqu'en l'année 1432 le roi René, qui se trouvait prisonnier à Dijon et avait à payer une rançon énorme, consentit à légitimer, au moyen d'un contrat régulier de vente, l'usurpation d'une terre dont la défense et l'administration lui étaient depuis long-temps impossibles (1).

(1) Le contrat fut rédigé pendant la captivité du roi, en 1432 (Arch. nat., P 1334⁵, f° 154 v°). René, sorti de prison, le ratifia par un second acte, passé au château de Bohain, le 23 février 1433 (*Ibid.*, f° 154). V. Lecoy de la Marche. *ibid.*, I, 103-104. — V. aussi Soyer, p. 334 et 339, qui cite « Dupuy, l. c., p. 532 ». — Le même, p. 339, note 8, indique également :

« Monstrelet, livre II, ch. cxxxvij; N. Vigner, l. c., p. 606; Choppin, l. c., livre I, titre viij, § 5, D. Calmet, l. c., 1ʳᵉ édit., II, p. 780 ; 2ᵉ édit., V, p. 25. Dans les actes

Le nouveau propriétaire mourut en janvier 1441 (n. st.); sans postérité. Comme, dit M. de Bouillé, il était « en état de rébellion contre Charles VII, la seigneurie (de Guise) avait été confisquée ; mais ce même roi, en considération du mariage du neveu de son épouse, Charles d'Anjou, comte du Maine, frère de René, avec Isabelle, fille de Pierre de Luxembourg, comte de Saint-Pol (1), leva la confiscation de tous les biens de Jean de Luxembourg, oncle d'Isabelle, et en particulier donna la possession de Guise, à titre de comté, à Charles d'Anjou, par lettres du 4 février 1443 (2). »

Ces lettres furent enregistrées le 4 juillet 1444 (3).

La confiscation prononcée contre Jean de Luxembourg paraît n'avoir pas été connue de Dupuy et de l'abbé de Longuerue, lequel, par suite, explique fort mal comment Guise passa aux mains de Charles d'Anjou. Transcrivons encore une note de M. Soyer, remplie de renseignements utiles :

« Les biens, dit-il, que possédait en France Jean qui suivent cette époque, René ne prend plus le titre de comte de Guise. Voyez l'approbation qu'il donne à la sentence du duc de Bourgogne, relativement à son différent avec Antoine de Vaudémont (J. Vignier, l. c., p. 209), et son testament (*Idem*, p. 195), où il n'est nullement question du comté de Guise. »

(1) Isabelle était l'une des filles de Pierre Ier, comte de Brienne, de Saint-Pol et de Conversan (mort en 1433), et de Marguerite de Baux d'Andrie. Elle était, par conséquent, sœur du connétable de France, Louis de Luxembourg, comte de Saint-Pol, qui fut décapité à Paris le 19 décembre 1475.

(2) R. de Bouillé, *ibid.*, I, 49.

(3) Le P. Anselme, III, 478. V. aussi L. Lalanne, *Dict. hist. de la France.* Arch. nat., P 1334^{1a}, n°s 88, 89.

de Luxembourg furent déclarés confisqués en 1435, parce qu'il refusa d'être compris au traité de paix d'Arras (Olivier de la Marche, livre I, chap. iij et iv ; N. Vigner, l. c., p. 647 et 650) ; mais, nonobstant cette confiscation, nous voyons qu'en 1439, il possédait toujours la ville de Guise (Monstrelet, livre II, chap. ccxxxviij), et qu'il y mourut en 1441 (la veille des Rois 1440 (v. s.). Voir, dans le Charles VII de Godefroy, la Chronique abrégée, p. 344 ; Maurice, l. c., p. 15 ; Anselme, l. c., III, p. 725). Peu de temps après cette mort, la veille de Pâques 1441, ainsi que nous l'apprend Berry (Godefroy, Charles VII, p. 413), le Roi, étant à Laon, reçut Louis de Luxembourg et Jeanne de Béthune, le premier neveu et successeur, la seconde veuve de Jean de Luxembourg, qui vinrent lui faire hommage de leurs terres en France. Toutefois, il est certain, d'après la note *t* de Pavillon sur l'histoire de N. Vigner (Maison de Luxembourg, p. 711), que Charles VII, en ordonnant la main-levée de ces biens, en excepta, entre autres, le comté de Guise, comme le prouvent ses lettres en date du 26 septembre suivant (N. Vigner, l. c.) ; Louis de Luxembourg ne succéda donc pas à ce comté comme le prétend N. Vigner (l. c., p. 650). C'est ce qu'observe très judicieusement Dupuy (l. c., p. 583). Il raconte, avec quelques erreurs..., le procès qui s'était élevé, à propos du comté de Guise, entre le procureur général, le comte du Maine Charles d'Anjou, tous deux demandeurs, et Louis de Luxembourg, défendeur. Le procureur général disait que le comté de Guise, ayant été confisqué sur Jean de Luxembourg, appartenait à la couronne, quoique Jean en eût gardé la possession. Le comte du Maine devait alléguer le don qui lui avait été fait, lors de la confiscation, par lettres de Charles VII données à Chinon, le 29 janvier 1435 (1436, n. s.). Voir Anselme, l. c., I, p. 235), ce qui était cause de la réserve faite par le Roi en 1441 (Choppin, l. c. ...). Enfin, Louis de Luxembourg soutenait que le comté de Guise était à lui, puisque son oncle l'avait acheté de René d'Anjou. C'est alors que fut décidé le mariage du comte du Maine avec Isabeau de Luxembourg, sœur de Louis, dont le contrat, daté du 9 janvier 1443 (1444), assura le comté de Guise à Charles d'Anjou (N. Vigner, l. c., p. 651 et 711). « En » conséquence de cet accord fait de la sorte par l'auto- » rité du Roy, dit Dupuy (l. c., p. 554), le procès pen- » dant au parlement fut assoupy. » Il faut corriger à ce propos l'erreur de Sainte-Marthe (l. c., I, p. 837), qui prétend que Charles VII donna le comté de Guise à Isabeau lors de son mariage ; ce comté appartenait à son mari, et le Roi ne fit que le lui confirmer, non-seulement dans ce contrat, mais encore par lettres du 4 février 1443 (1444), enregistrées le 4 juillet suivant (Anselme, l. c., III, p. 478) (1). »

Longuerue, avons-nous dit, n'a pas su exactement de quelle manière le comté de Guise échut à Charles d'Anjou. Il suppose que ce comté lui appartenait « par le partage que Louis d'Anjou II du nom avait fait entre ses enfants » (2). Puis il ajoute : « Et ce même comte du

(1) Soyer, *ibid.*, note 9, p. 339.

(2) « Longuerue copie ici une erreur de Dupuy (l. c., p. 533). C'est Louis I, et non Louis II, qui, par son testament, a fait son second fils, Charles d'Anjou, comte de Guise, ainsi que l'avait fort bien dit Dupuy, p. 385... Ce n'est donc pas en vertu du testament de Louis II, lequel, nous l'avons

Maine se mit en possession de Guise, dont il jouit malgré les oppositions et les demandes de Louis de Luxembourg, comte de Saint-Paul, à qui Louis XI avait promis ce comté de Guise en le mariant avec Marie de Savoie, sa belle-sœur … » (1).

Ce mariage eut lieu le 1er août 1465 (2). La promesse de Louis XI, fait remarquer M. Soyer, « ne put cependant avoir son effet ; car nous lisons dans les Mémoires de Commines (livre IV, ch. vj) qu'en 1475, le Roi « offroit (à Louis de Luxembourg) certaines récom- » penses qu'il demandoit pour la conté de Guyse, » comme aultresfois luy avoit promis » (3). »

Par contrat du 9 août 1443, comme il a été dit, Isabelle de Luxembourg épousa Charles Ier d'Anjou, comte du Maine (frère du roi René), dont elle fut la seconde femme. « Elle eut, dit M. de Limiers (4), le comté de Guise, la seigneurie de Nouyon en Vermandois, Alluye et Brou au Perche. Elle fit son testament en 1472. »

Charles d'Anjou mourut le 10 avril 1473, laissant d'Isabelle deux enfants : Charles IV d'Anjou, comte du

vu…, donna le comté de Guise à René d'Anjou, son second fils, que le troisième, appelé aussi Charles d'Anjou (celui dont il est ici question et qui fut la tige des comtes du Maine), a été comte de Guise ; mais en vertu des lettres de Chinon dont nous avons parlé… » (Note de M. Soyer, *ibidem*, p. 341, note 11.)

(1) *Ibid.*, p. 335.

(2) « N. Vigner, l. c., p. 666. » Note de M. Soyer, p. 341 (note 11).

(3) Soyer, *ibid.*, note 11, p. 341.

(4) *Annales de la Monarchie françoise*, t. II, p. 117.

Maine, et Louise, qui épousa Jacques d'Armagnac, duc de Nemours (1).

Il est certain que Charles IV possédait le comté de Guise, comme le prouvent les lettres de ratification, données par le duc René II, le 2 février 1473, du mariage de l'aînée de ses sœurs, Jeanne de Lorraine, avec ce prince, lequel y est qualifié « comte du Maine, de Guise, de Mortain, de Gien, vicomte de Châtellerault et de Martigues » (2).

Charles d'Anjou, dit M. de Bouillé, « héritier testamentaire de son oncle René et par conséquent qualifié roi de Jérusalem, de Naples et de Sicile, seigneur de Mayenne-la-Juhée, de la Ferté-Bernard, de Sablé, de Longjumeau, de Chailly et de plusieurs autres terres, ne laissant point de postérité et n'ayant lui-même pour

(1) P. Anselme, I, 235 ; De Limiers, *ibid.* ; Moréri ; Art de vérif. les dates, II, 962 ; Longuerue, cité par M. Soyer, *ibid.*, p. 335.

(2) Arch. de la Meurthe. B 1, f. 65, v°. — Dom Calmet (2ᵉ édit.) nomme comme l'aînée des sœurs de René II : « Jeanne, née en 1458, mariée par traité du 18 janvier 1473 avec Charles d'Anjou, IV du nom, roy de Naples et de Sicile, morte en 1480. » — L'acte du 2 février prouve qu'elle était l'aînée des filles de Ferry II, comte de Vaudémont, et non pas la 3ᵉ, comme l'a dit M. Digot (t. III, p. 365).

D'après M. de Limiers, le contrat de mariage fut passé à Troyes le 21 janvier 1473 (Moréri donne la même date). Il dit aussi que Jeanne de Lorraine était l'aînée des filles du comte de Vaudémont. — M. Soyer (note 13, p. 341) dit : « Ce Charles d'Anjou, 4ᵉ ou même 5ᵉ du nom (Art de vérifier les dates, l. c.), 2ᵉ du nom comme comte du Maine (Anselme, l. c.), avait épousé Jeanne de Lorraine, fille de Ferry II, comte de Vaudémont, et Yolande d'Anjou. Son testament, du 10 décembre 1481, se trouve dans le Corps diplomatique, III, 2ᵉ part., p. 82, et dans les Traités de paix, I, p. 690. »

héritiers présomptifs que ses neveux et nièces d'Armagnac, enfants de sa sœur Louise d'Anjou, institua son
successeur universel le roi Louis XI, dont il était cousin
germain, et donna ainsi lieu de réunir le comté de
Guise au domaine de la couronne » (1).

Charles mourut le 11 décembre 1481 (2). Le roi Louis
XI conserva la terre de Guise jusqu'à son décès, arrivé
le 5 août 1483.

Le comté de Guise, de l'avènement du roi Charles VIII (1483) à la mort de Charlotte d'Armagnac (1504).

Peu de temps après son avènement, le roi Charles
VIII, fils et successeur de Louis XI, fit cession du
comté de Guise à Jean d'Armagnac et à Louis son
frère (3).

Les donataires étaient fils de Louise d'Anjou, qui, dit
M. de Limiers, « épousa par contrat passé à Poitiers le
12 juin 1452 (4), Jacques d'Armagnac, duc de Nemours,
et mourut à Carlat du chagrin qu'elle eut de la poursuite

(1) R. de Bouillé, *ibid.* ; I, 49. Anselme, III, 478. Longuerue, cité par M. Soyer, p. 335.

(2) Le P. Anselme, III, 478; De Limiers ; *Biogr. univ.*
de Michaud. Charles mourut le 10 d'après M. Digot, *Hist. de
Lorr.*, III, 376, et le 12 d'après L. Lalanne et la *Nouv.
biogr. génér.* de Hoefer.

(3). Le P. Anselme, *ibid.* ; R. de Bouillé, *ibid.* ; Lalanne.

(4) Moréri donne la même date. Anselme et les Dictionnai-
res biographiques de Michaud et de Hoefer disent le 12 juin
1462.

qu'on faisait contre le duc son mari, qui eut la tête tranchée à Paris le 4 août 1477 » (1).

Six enfants naquirent de leur mariage ; mais une fatalité implacable pesait sur cette famille ; tous moururent sans laisser de postérité. Moréri les mentionne ainsi ; nous aurons à revenir sur eux :

1. — « Jacques, mort jeune ;

2. — » Jean, duc de Nemours, mort sans lignée (2);

3. — » Louis, duc de Nemours, vice-roi de Naples, tué à la bataille de Cérignole, sans alliance, le 28 avril 1503 ;

4. — » Marguerite, duchesse de Nemours, mariée par contrat du 15 juin 1503 à Pierre de Rohan, seigneur de Gié, maréchal de France, morte sans enfans ;

5. — » Catherine, qui épousa par contrat du 28 avril 1484, Jean II du nom, duc de Bourbon, morte en mars 1486 ;

6. — » Et Charlotte d'Armagnac, alliée à Charles de Rohan, seigneur de Gié. »

La plupart des auteurs modernes disent que le roi Charles VIII abandonna seulement en 1491 la terre de Guise à Jean et à Louis d'Armagnac. Cela est erroné,

______

(1) De Limiers, *ibid.* ; v. aussi Moréri, *ibid.*, art. *Armagnac.* Cf. Longuerue, cité par M. Soyer, p. 335. — Longuerue dit que Louise d'Anjou « se porta pour héritière de son frère et jouit du comté de Guise ». Dupuy, p. 536, dit aussi qu' « elle le porta dans la maison d'Armagnac ». Mais, comme le fait observer M. Soyer (note 15, p. 341), elle put seulement « en porter la prétention ; car, par suite du testament de son frère, le comté de Guise revint, en 1481, au domaine de la couronne ».

(2) Il avait épousé par contrat du 24 avril 1492, Yolande de la Haye, dame de Passavant (Le P. Anselme, *ibid.*, p. 429).

en ce sens que l'acte dressé à cette époque ne faisait que confirmer des faits antérieurs.

Nous lisons dans le P. Anselme :

« Louis d'Armagnac, duc de Nemours, Pair de France, *comte de Guise*, viceroy de Naples, obtint avec son frère du roy Charles VIII, par manière de provision, le 3 mars 1483 (1), les terres de *Guise*, Novion, Sablé, Mayenne, La Touche, Nogent-le-Rotrou..., provenant de la succession de Louise d'Anjou, leur mère, et de Charles d'Anjou, roi de Sicile, leur oncle : ces terres leur furent, depuis, laissées à perpétuité par lettres du 29 mars 1491 (2). »

Jean et Louis d'Armagnac, ajoute M. Soyer (p. 342, note 15), obtinrent ainsi « une partie des terres qui avaient appartenu à leur père, entre autres le comté de Guise , « pour en jouir à perpétuité, eux, leurs hoirs, » successeurs et ayans cause » (Dupuy, l. c.), nonobstant l'avis contraire du procureur général. « Ces der- » nières lettres, continue Dupuy, furent vérifiées au » parlement de Paris, le 18 avril suivant, *sans préju-* » *dice de l'opposition du duc de Lorraine.* » Louis d'Armagnac prit le titre de Comte de Guise. »

Par acte du 2 août 1484, confirmé de la même manière que le précédent, le 29 mars 1491, le roi fit cession du duché de Nemours, confisqué depuis 1477 (3),

<hr>

(1) 1484, n. st. « Godefroy. Charles VIII, p. 387 ; Ordonnances des Rois de France, XIX, p. 278. » (Note de M. Soyer. p. 342.)

(2) 1492, n. st. — Anselme, III, 430 ; Dupuy, p. 535 ; Soyer, p. 342.

(3) « Le même roy (Louis XI), par autres lettres datées d'Arras au mois de septembre 1477, registrées en la chambre des comptes le 5 juin 1478, donna plusieurs des terres con-

à Jean, Louis, Marguerite, Catherine et Charlotte d'Armagnac, enfants de Jacques, duc de Nemours, et de Louise d'Anjou. Il permet que Jean, c'est-à-dire l'aîné, se qualifie duc, « à condition toutesfois, ajoute-t-il, que ledit Loys d'Armagnac, nostre cousin, qui est le mainé fils desdits enfans exposans, *aura le comté de Guise*, pour en jouir tant en titre qu'en tous autres droits qui y appartiennent (1).

Louis d'Armagnac fut seul, par conséquent, à prendre le titre de comte de Guise, qu'on lui voit porter dans différents hommages (2).

Comme on vient de le remarquer, par lettres du 29 mars 1491 (3), Charles VIII fit donation pleine et entière du comté de Guise à Louis d'Armagnac, sous réserve de l'hommage (4). Dans l'acte, il nomme les donataires : « Nosdits cousins Jehan d'Armagnac, duc de Nemours, et Loys d'Armagnac, comte de Guise » (5).

Il est probable que Jean d'Armagnac mourut vers la fin du même siècle (6) ; car, dans une quittance du 8 janvier 1500, son frère cadet se qualifie : « Loys, duc

fisquées sur Jacques d'Armagnac, et entr'autres le duché de Nemours, suivant Blanchard..., à Louis de Graville, seigneur de Montagu... » Anselme, III, 247, art. Nemours, duché-pairie.

(1) Anselme, III, 429; 247.

(2) Il fit hommage au roi, pour Guise, le 30 septembre 1492. (Anselme, III, 430 ; Soyer, p. 342.)

(3) 1492, n. st.

(4) Le P. Anselme, *ibid.*, p. 407.

(5) *Ibid.*, p. 409.

(6) Vers 1500, suivant L. Lalanne et la *Nouvelle biogr. génér.* de Hoefer, art. *Nemours (Louis d'Armagnac, duc de)*.

de Nemours, comte d'Armagnac, de *Guise*, de Pardiac et de l'Isle-en-Jourdain, vicomte de Chatelleraud et de Martigues, per de France » (1).

Louis, devenu vice-roi de Naples, fut, comme il a été dit, tué à la bataille de Cérignole, le 28 avril 1503 (2). Il ne s'était jamais marié. Sa succession échut, non sans quelques difficultés, à l'aînée de ses sœurs, Marguerite, qui épousa, le 15 juin de la même année, Pierre de Rohan, seigneur de Gié, maréchal de France, dont elle fut la seconde femme. Pierre dut prendre les titres de duc de Nemours (3), comte de Guise, etc.

Longuerue se trompe en disant que Pierre de Rohan mourut sans postérité. Comme le fait remarquer M. Soyer, « celui-ci avait épousé en premières noces Françoise de Penhoët, dont il eut trois enfants (Anselme, l. c., IV, p. 68)... Le maréchal de Gié, à la mort de son beau-frère [ou plutôt à la suite de son mariage, puisque Louis d'Anjou mourut antérieurement], fut admis à prêter foi et hommage pour le comté de Guise, tant en son nom qu'en celui de sa femme, le 8 juillet 1503, sans opposition, à cet égard, de la part du procureur géné-

(1) Anselme, *ibid.*, p. 429.

(2) Il était né en 1473 (Hoefer, *ibid.*). — V. aussi, sur Louis d'Armagnac, la *Biogr. univ.* de Michaud, v° *Nemours* ; l'article est de M. Weiss.

(3) Le duché de Nemours fit retour à la couronne à la mort de Louis d'Armagnac ; Pierre de Rohan éleva, du chef de sa femme, des prétentions à sa possession ; mais elles ne furent pas reconnues. Voilà ce que disent quelques historiens. Cependant Charlotte d'Armagnac porta encore le titre de duchesse de Nemours, et il existe (voir plus loin) des lettres patentes du 8 février 1504, postérieures à sa mort, qui concernent l'union du duché au domaine de la couronne.

ral en la Chambre des comptes (Dupuy, l. c., p. 537) (1). »

Marguerite d'Armagnac mourut, sans enfants, peu de temps après. Comme sa sœur puînée Catherine, femme de Jean II de Bourbon, l'avait précédée de plusieurs années au tombeau (mars 1486), son unique héritière fut Charlotte d'Armagnac, la cadette de la famille ; elle était mariée à Charles de Rohan, seigneur de Gié, vicomte de Fronsac, fils, du premier lit, de Pierre de Rohan.

Nous lisons dans le P. Anselme, touchant Charlotte d'Armagnac :

« Elle fit son testament le 12 août 1504, prenant la qualité de duchesse de Nemours, par lequel elle laisse à son mary les comtéz de Pardiac et de l'Isle-en-Jourdain, la vicomté de Martigues, la baronnie de Lunel, les seigneuries d'*Aixe* et d'Ayen en Limosin, et tous les droits qu'elle avoit aux comtéz d'Armagnac, de Rodez et de Castres, et, autres terres, à condition de fonder une messe en l'église du Verger, où elle élut sa sépulture (2). »

Dès le mois de septembre 1504, Charlotte d'Armagnac n'existait plus. Des lettres patentes portant union du duché de Nemours au domaine de la couronne sont datées de Paris, le 8 février 1504 (3).

(1) Soyer, *ibid.*, note 16, p. 342.

(2) Anselme, *ibid.*, p. 431.

(3) 1505, n. st. — Anselme, *ibid.*, et III, 247, où il dit : « Le duché de Nemours fut uni au domaine de la couronne par lettres du roy Louis XII du 8 février 1504 et ensuite par d'autres du mois de Novembre 1507... »

René II, duc de Lorraine, héritier de Charlotte d'Armagnac. Le comté de Guise depuis sa transmission à la Maison de Lorraine.

D'après le droit féodal, tous les biens provenant de la ligne maternelle, c'est-à-dire de Louise d'Anjou, durent faire retour au plus proche parent de ce côté, qui se trouva être René II, duc de Lorraine ; il n'était pourtant cousin de Charlotte qu'au sixième degré, comme il est facile de s'en rendre compte par la généalogie suivante :

Louis II d'Anjou, roi de Sicile.

René d'Anjou, roi de Sicile.	Charles 1er d'Anjou, comte du Maine.
Yolande d'Anjou, ép. Ferry de Lorraine, comte de Vaudémont.	Louise d'Anjou, ép. Jacques d'Armagnac. duc de Nemours.
René II, duc de Lorraine.	Charlotte d'Armagnac.

M. Soyer, qui n'a pas connu la date du décès de Charlotte d'Armagnac, s'exprime en ces termes dans une note (note 17, p. 341) :

« Je ne saurais dire précisément à quelle époque René II commença à faire valoir ses prétentions sur le comté de Guise. Il n'en est pas question dans sa protestation de 1486, relative aux comtés de Provence et de Forcalquier (Baleicourt, p. ccvij ; Corps diplomatique, III, 2ᵉ partie. p. 450 ; D. Calmet, 2ᵉ édit., VI, preuves,

p. cclxxxvj). Nous venons de voir... qu'en 1492, il intervenait dans le procès pendant au parlement de Paris. Il prend le titre de comte de Guise dans son testament, en date de 1506 (1). »

En réalité, René II revendiqua, à la mort de Charlotte d'Armagnac, dès le mois de septembre 1504, la propriété et même, sans doute, la jouissance immédiate du comté de Guise : mais l'usufruit en fut laissé à Charles de Rohan, et différentes compétitions paraissent, en outre, avoir retardé la reconnaissance de la propriété au duc de Lorraine.

M. de Bouillé, ayant dit que Charlotte ne laissait pas d'héritiers, ajoute : « Aussi le duc René II de Lorraine, son cousin issu de germain, Jeanne de France, Anne sa sœur, Catherine de Navarre, petite-fille de la reine Marie d'Anjou, se maintinrent-ils héritiers de Charlotte d'Armagnac, du côté de la ligne d'Anjou, et, en cette

(1) Parlant de l'héritage de René d'Anjou, échu théoriquement à René II, Emond du Boullay dit de ce dernier : « Premierement il succeda aux royaulmes de Iherusalem, d'Arragon, de Sicille et de Naples, aux duchez de Lorraine et de Bar, d'Aniou et de Calabre, aux comtez de Provence et du Maine, de Vauldemont, de Harcourt, de Guyse, et Daumalle. Pareillement il succeda au Marquysat du Pont à Montson Et aux baronnies de Iainuille, de Sable, de Beaufort et du Maynne la Iuhez, qui est à présent erigee en marquysat ; consequemment succeda aux anciennes seigneuries de la Ferté Bernard, de Iainhez, de la Saulsaye, de Beaumesnil et d'Alleboeuf, de Chailly et de Longiumeau, avec plusieurs aultres grandes seigneuries. » Du Boullay, *Vie et trespas...*, fo 22-23). Il y a, dans ces assertions, une bonne part d'erreur ; mais la nomenclature, faite par un contemporain du fils de René et son héraut d'armes, n'en reste pas moins intéressante à consulter.

qualité, rendirent-ils (1504) foi et hommage pour le comté de Guise. L'usufruit en avait été adjugé à Charles de Rohan, qui survivait à sa femme ; et, à travers toutes ces réclamations, la propriété en était demeurée au duc de Lorraine, qui la fit rentrer dans le partage de son fils Claude. »

Le même auteur donne, d'après un ancien manuscrit, l'énumération suivante des titres de René, dans laquelle on remarque ceux de comte de Guise et baron de Sablé :

« René deuxième du nom, Roy de Hiérusalem, d'Arragon, de Sicile et de Naples, Duc de Calabre, d'Anjou, de Lorraine et de Bar, Comte de Provence, de Mayenne, de Vaudemont, de Harecourt, de *Guises* et d'Aumalle, Marquis du Pont-à-Mousson, Baron de Joinville, Sablé, Beaufort, etc. (1). »

Il nous reste à énumérer les actes qui prouvent que le duc René II fut réellement reconnu l'héritier naturel de cette succession. D'après ses prétentions, elle comprenait non seulement le comté de Guise, mais encore les vicomtés de Martigues (2) et de Châtelle-

______

(1) Mss. de la Bibl. nat., suppl. français 1504. Obituaire des seigneurs de Joinville, fol. 139 du second cartulaire. » (R. de Bouillé, *Hist. des ducs de Guise*, t. 1, p. 546.

(2) Bouches-du-Rhône, ch.-l. de c., arr. Aix. — Les terres de Lunel, Berre et Martigues avaient été comprises dans l'apanage de Charles d'Anjou, en faveur de qui le roi René, son frère, érigea, le 9 octobre 1473, Berre et Martigues en vicomté (V. Lecoy de la Marche, *ibid.*, I, 35, 37, 226, 256). — L. Lalanne (*ibid.*) dit que « Martigues... fut... érigée en vicomté par la reine Jeanne Ire de Naples, qui la donna à Jacques d'Arcussia...» — Il ne paraît pas que la vicomté de Mar-

rault (1), les terres et seigneuries de Sablé (2), *Nou-vyon* (3), Lunel (4), etc. Le duc spécifie que ces biens lui sont échus « par le trespas de feue nostre très chière et très amée cousine, Charlote d'Armignac (5), comtesse de Guyse » ... « *par droit de succession et comme plus prochain et légitime héritier* » (acte du 3 octobre), ou ailleurs « *comme son prochain héritier à cause de la maison d'Anjou* » (acte du 25 novembre).

Voici, dans l'ordre chronologique, la liste de ces actes ; on en trouvera le texte aux documents :

1. — 18 Septembre 1504. René II, duc de Lorraine,

tigues ait passé aux héritiers naturels de Charles II d'Anjou. Celui-ci en disposa par son testament en faveur de François de Luxembourg, son cousin-germain, dont les descendants continuèrent à la posséder (V. *Biogr. univ.* de Michaud, et Moréri, art. *Martigues* et *Luxembourg*, branche de L.-Martigues (t. VI, p. 521). — Il est probable que les fiefs dont les noms suivent, plus haut, celui de Martigues ne passèrent pas non plus à la maison d'Armagnac et au duc René II.

(1) Vienne, ch-l. d'arr. — La vicomté de Châtellerault fut donnée à Charles d'Anjou par le roi Charles VII. (Lecoy de la Marche, I, 252.)

(2) Sarthe, arr. La Flèche, ch.-l. de c. — V. Lecoy de la Marche, I, 19, 252. Cette terre était qualifiée baronnie. — Cf. *Hist. de Sablé* par Giles Ménage.

(3) Nouvion en Thiérache ? Aisne, arr. et c. Vervins. — Serait-ce de cette terre que parle M. de Limiers en disant qu'Isabelle de Luxembourg apporta à Charles d'Anjou « la seigneurie de Nouyon en Vermandois » (V. pl. haut) ?

(4) Hérault, arr. Montpellier, ch.-l. de c. — V. Lecoy de la Marche, *ibid.*, I, 21, 38, 226.

(5) *Sic.*, ou *Darmignac.* La même orthographe est employée dans tous les actes qui suivent.

fait don de la vicomté de Martigues à Philippe de Gueldres, sa femme.

Cet acte ne reçut pas d'exécution puisque le duc René II
n'est pas entré en possession de la vicomté de Martigues, et,
d'ailleurs, dès le lendemain il avait changé de dessein (v. n°
4), comme il en changea encore un peu plus tard (v. n° 7).
Les deux actes suivants, qui devaient être le corollaire du
précédent, restèrent sans doute à l'état de projet ; car, dans
la copie, la place du quantième a été laissée en blanc, et la
fin de chaque acte est tronquée.

2. — IDEM. Philippe de Gueldres donne commission à
son fils Antoine de Lorraine pour reprendre en fief, du
roi de France, la vicomté de Martigues.

3. — IDEM. La même donne commission à ses conseillers Philippe de Stainville, écuyer, et Jean du Prévost, capitaine de Lambesc et Orgon, pour prendre
possession, en son nom, de la vicomté de Martigues.

4. — 19 SEPTEMBRE. René II fait don de la vicomté de
Martigues à son fils aîné, Antoine, duc de Calabre.

5. — 20 SEPTEMBRE. Le même donne commission à
son fils Antoine de Lorraine pour reprendre en fief, du
roi de France, les comté de Guise, vicomté de Châtellerault, terre et seigneurie de Sablé, et autres terres.

6. — IDEM. René II donne commission à Jean d'Haraucourt, seigneur de Chauvency, chambellan, et Louis
Merlin, général de ses finances et président des Comptes
de Bar, pour prendre possession, en son nom, des
comté de Guise, vicomté de Châtellerault, terre et seigneurie de Sablé, etc. (Cf. le n° 9).

7. — 3 OCTOBRE. René fait don de la vicomté de Martigues à son fils Claude de Lorraine.

8. — 25 NOVEMBRE. René II donne un mandement
touchant le rachat d'une rente de 500 livres tournois

sur le comté de Guise, due au seigneur de Warnembourg.

9. — Idem. Le même donne commission à Louis de
Stainville et Louis Merlin pour reprendre en fief, du roi
de France, les comté de Guise, terres et seigneuries de
Nouvyon, Châtellerault, Sablé et Lunel.

10. — 18 Mars 1504 (1505 n. st.). Le même confirme
l'office de bailli du comté de Guise à maître Guillaume
Courtin.

René II fit son testament le 25 mai 1506, par lequel il
assigna le comté de Guise à son fils Claude, qui portait
alors le titre de comte d'Aumale (1). Quelques mois plus
tard, ce jeune prince fut naturalisé Français (2). Ces
deux actes ne devaient pas encore mettre fin à toutes les
difficultés.

« René II, duc de Lorraine..., dit Longuerue, étant
mort l'an 1508 [le 10 décembre], laissa héritier de ses

(1) Longuerue. — « Voir le Testament de René II, Cartulaire de Lorraine, ms., 1re partie, p. 410 ; Bourcier, Nature
du duché de Lorraine, 1re édit., p. 107 ; 2e édit, p. 97 ;
D. Calmet, 1re édit., preuves du tome III, p. cclv ; 2e édit.,
VI, preuves, p. cccxlix. Relativement à ce testament, dont
on a contesté l'authenticité (J. Vignier, l. c., p. 238), il faut
lire ce qu'en ont dit Bourcier (l. c., 1re édit., p. 97 ; 2e édit.,
p. 88) et D. Calmet (1re édit., II, p. 1116 ; 2e édit., V, p. 452).
La copie qui se trouve dans le Cartulaire cité, appartenant à
la Bibliothèque publique de Nancy, est faite sur le vidimus
de l'an 1530, attesté par deux notaires de Bar, d'un autre vidimus revêtu des mêmes formalités et daté de 1508, dudit
testament. » (Note de M. Soyer).

(2) Claude fut « naturalisé Français avant l'âge de dix
ans, par lettres du mois de mars 1505 [anc. st. ?] » (R. de
Bouillé, I, 46, d'après le P. Anselme, III, 485, etc.).

droits son fils Claude... Après plusieurs procès contre la Maison d'Armagnac et contre le procureur-général, qui voulait unir Guise au domaine, François Iᵉʳ fit don de tout ce qui lui appartenait au prince Claude de Lorraine, l'an 1527... »

Jusqu'à ce moment, la jouissance était demeurée à Charles de Rohan. Ce seigneur « fit appeler en reprise de procès, le 9 février 1515 (1516), Philippe de Gueldres, veuve de René II, et Claude de Lorraine, son fils. La Cour décida que Charles de Rohan jouirait de l'usufruit du comté de Guise, mais elle en adjugea la propriété à Philippe de Gueldres et à son fils. C'est alors, dit Dupuis (l. c., p. 537), que Claude de Lorraine vint s'établir en France, et prit le titre de comte de Guise, pour lequel il fut admis à faire au Roi foi et hommage, le 20 août 1520. Charles de Rohan céda depuis, en 1526, son usufruit à François Iᵉʳ » (1).

« L'accord avec le Roi », dit plus loin le même auteur, « pour la cession de l'usufruit du comté de Guise, est du 8 janvier 1526 (1527), et le don à Claude de Lorraine, du 26. Ces lettres, qui lui assurent l'usufruit d'une terre dont il avait déjà la propriété, ont été registrées le 5 juin suivant. »

Au mois de janvier 1527 (1528), le roi érigea le comté de Guise en duché-pairie, en faveur de messire Claude de Lorraine, et, par lettres patentes, y joint « les baronnies, terres et seigneuries d'Aubenton, Rumigny, Martigny, Vuatefal, Avi, Condé, Herisson, Nouvion en Thiérache... (2).

<hr>

(1) Soyer, *ibid.*, p. 343, note 19.

(2) Anselme, III, 479 ; Longuerue, *ibid.* ; Soyer, p. 343, note 21. qui cite « Choppin, l. c., livre I, tit. v, § 9 ».

— 43 —

« Comme ces dernières terres, » ajoute M. Soyer,
« que René II avait données à son second fils (1),
appartenaient à la maison de Lorraine depuis le mariage de Thiébaut II avec Elisabeth de Rumigny (2),
cela a bien pu contribuer à accréditer l'erreur qui fait
le sujet de cette note (3). »

Le 27 octobre 1530, dit M. de La Roque, Antoine,
duc de Lorraine, et Claude, son frère, réglèrent par un
nouvel acte le partage de leurs biens. Ce dernier
emporta les « Duché de Guize, Comté d'Aumalle,
Baronnies de Ioinville, Sablé, Maine la Iuhez, la Ferté-
Bernard (4), Elbeuf, Anserville, Coussancelles, Sandres,
Brillon, Aironville, Moustier sur Saulne, Lambesque,

(1) « Ordonnons que nostre fils Claude soit nostre succes-
» seur au demourant de nos dites terres et seigneuries
» estant et situées tant en France que en Normandie, Picar-
» die, etc. », dit René dans son testament. Voir aussi le
partage fait en 1530, en exécution de ce testament, entre le
duc Antoine et Claude de Guise (Bourcier, l. c., 2ᵉ édit.,
p. 115). (Note de M. Soyer, p. 343, note 23.)

(2) « Benoît Picard, Origine, p. 321 ; id. suppl., 1ʳᵉ partie,
p. 81 ; Baleicourt, l. c., p. 115 ; Dom Calmet, 1ʳᵉ édit.,
preuves du T. II, p. dxiij. » (Note de M. Soyer, p. 344,
note 24.)

(3) Soyer, ibid., p. 336

(4) Chef-lieu de canton, arr. de Mamers, Sarthe.
On ne connaît pas très exactement les circonstances au
milieu desquelles la terre de la Ferté-Bernard échut à
René II. Qualifiée baronnie dès le commencement du xvᵉ
siècle, elle appartenait en 1445 à Charles d'Anjou, comte
du Maine, qui l'échangea, contre différents biens, à Jean VII,
comte d'Harcourt. Ensuite, on la voit appartenir, partie au
même comte du Maine, et plus tard à Jean d'Armagnac, duc
de Nemours, partie au duc René II, qui pouvait avoir obtenu

Orgon, Ergallières, et en outre la somme de six mille francs Barrois à prendre sur le Duché de Bar (1). »

Afin de compléter tous ces renseignements, empruntons un dernier paragraphe à M. Soyer-Willemet :

« J'ajouterai, dit-il, pour terminer l'histoire de la terre de Guise, que ce duché-pairie resta aux successeurs de Claude de Lorraine, jusqu'à l'année 1641, où le duc de Guise, Henri II (le même qui, depuis, gouverna Naples après Masaniello), s'étant jeté dans le parti de Louis de Bourbon, comte de Soissons (Aubéry, Hist. de Richelieu, p. 477 ; Recueil de plusieurs pièces servant à l'histoire moderne, p. 305 et suivantes ; Bazin, Louis XIII, IV, p. 281 ; Bouillé, Ducs de Guise,

cette propriété, soit par sa mère, Yolande d'Anjou, soit par son aïeule paternelle, Marie d'Harcourt.

En 1498, René II, obtint l'autorisation de nommer aux offices royaux dans cette terre.

« René, dit l'historien de la Ferté-Bernard, vint visiter notre ville vers la fin du xvᵉ siècle, le 13 février 1499, et soit que le château ne fût pas disposé pour le recevoir, soit qu'il appartînt à son copartageant, le vainqueur de Nancy logea chez un membre de la famille Quélain, nommé Jean. Il fut si satisfait de la réception de son hôte qu'il le constata par un acte public. »

En 1500, dans une assemblée publique, à côté du représentant du duc de Nemours, siégeait « Mᵉ Guillaume Fleury, sieur de la Bausserie, châtelain de la Ferté, pour Monseigneur de Lorraine, et… Bertrand Bigot, lieutenant de bailly, pour le même. »

Après l'extinction des seigneurs de la maison d'Armagnac, René II devint propriétaire de toute la baronnie de la Ferté-Bernard. Il la comprit dans le partage de son fils Claude.

(V. *Hist. de la Ferté-Bernard*, par L. Charles, publiée par l'abbé R. Charles ; Mamers, 1877, un vol. gr. in-8, avec gravures, p. 75-77.

(1) *Hist. de la maison d'Harcourt*, Cf., R. de Bouillé, *ibid.*, p. 48.

IV, p. 425), fut condamné à mort, et exécuté en effigie
le 11 septembre 1641 (Recueil cité, p. 359 et 362). Ses
biens, confisqués, furent donnés l'année suivante, par
lettres-patentes du mois de février, à sa mère, Henriette-
Catherine de Joyeuse, veuve de Charles de Lorraine-
duc de Guise, « à la charge que les pairies de Guise,
» de Joinville et d'Eu, et les titres de duché et de
» principauté demeureraient éteints. » (Brillon, Dict.
des arrêts, II, p. 945 ; Anselme, l. c., III, p. 483). Mais,
en 1644, Henri rentra en grâce, et le Roi, abolissant
toutes procédures contre lui, le rétablit dans ses digni-
tés (Recueil cité, p. 397), que possédèrent après lui ses
neveu et petit-neveu, Louis-Joseph et François-Joseph
de Lorraine (Anselme, l. c., p. 489). En 1675, lors de
la mort de François-Joseph, qui n'était âgé que de
cinq ans, la pairie se trouva éteinte, et Mademoiselle
de Guise, Marie de Lorraine, sœur de Henri et grande-
tante du dernier duc, recueillit la succession de la
maison. Cette princesse voulut, par son testament du
6 janvier 1686, la faire passer à la branche d'Elbeuf,
mais, à sa mort, qui eut lieu en 1688, la petite-fille de
Charles de Lorraine, duc de Mayenne, Henriette, princesse palatine, qui avait épousé Henri-Jules, fils du
grand Condé (1), réclama et obtint cette succession
presque entière, et c'est ainsi que le comté de Guise
est resté, jusqu'à la révolution, un apanage de la maison de Condé (2). »

En somme, malgré les nombreuses vicissitudes que

(1) « Ce fut en faveur de ce prince que le Duché-Pairie
de Guise fut rétabli, par lettres-patentes de Louis XIV, en
date du 30 juillet 1704 (Anselme, l. c., III, p. 484). »

(2) « Comme il n'est question ici que de Guise en Thiérache, nous ne dirons rien du comté de Guise-sur-Moselle,

subit au xve siècle la transmission du comté de Guise, ce sont les revendications légitimes de René II qui obtinrent finalement gain de cause. Une guerre d'un siècle de durée, — amenée par le passage de la couronne royale à une branche éloignée, rendue désastreuse par la folie d'un roi, la trahison d'une reine, l'ambition et les rivalités de puissants princes, — met dans un danger extrême l'existence de la France et compromet la succession des grands fiefs ; plus tard, la politique impitoyable d'un souverain peut ne pas reculer devant le crime pour faire disparaître des vassaux dangereux et réunir leurs biens au domaine : néanmoins, après chaque tempête, l'ordre se rétablit : l'intrusion d'un étranger tel que le comte de Ligny, les confiscations royales et les prétentions injustes de membres de la famille dépourvus de droits, n'empêchent pas la succession d'arriver de la Maison d'Anjou à celles d'Armagnac et de Lorraine, comme si l'on s'était conformé à la coutume de l'assignation des fiefs secondaires aux cadets et aux filles. Malgré les terribles perturbations et les accidents violents qui résultent d'événements d'une gravité exceptionnelle, c'est le grand principe de l'hérédité qui, relativement au comté de Guise, ressort victorieusement des faits compliqués sur lesquels nous venons de chercher à apporter la lumière.

érigé, le 19 juin 1718, par Léopold, duc de Lorraine, en faveur d'Anne-Marie-Joseph de Lorraine, comte d'Harcourt. Voir Durival, *Descript. de la Lorraine*, 1, p. 114, et II, p. 58, et la brochure intitulée : Translation de la substitution du marquisat de Bayon sur le comté de Guise, et érection du comté de Guise en marquisat de Frolois, en faveur de la maison de Ludres, du 20 mars 1757. Nancy, Thomas, 1765, in-4° de 83 p. fig. »

PIÈCES JUSTIFICATIVES

Extrait du Registre 9ᵉ des lettres-patentes de René II, duc
de Lorraine (Arch. de Meurthe-et-Moselle, B 9).

1

Fᵒ 112.

René II fait don à Philippe de Gueldres, sa femme, de la vicomté de Martigues.

18 septembre 1504.

Don de la viconté de Martigue fait a la Royne.

René, etc. (1). Savoir faisons que, pour les bons et agréables
services que nostre très chière et très amée seur et espouse
la royne Philippe de Gueldres nous fait continuellement,
pour l'augmentation et plus grant entretêment de son
estat, pour ces causes et autres à ce nous mouvans, luy
avons donné et octroyé, donnons et octroyons par ces présentes, par pur et irrévocable don, la viconté, la terre et seigneurie de Martigue, avecques toutes ses appartenances et
eeppendauces quelxconcques, sans aucune chose en réserver
ny retenir en quelque manière que ce soit, que présentement
nous est obvenue et eschcue par le décès et trespas de feue

(1) Cette abréviation, comme toutes celles qui suivent,
existe dans la copie.

nostre cousine Charlote d'Armignac, contesse de Guyse, que Dieu absolve, pour d'ores en avant en joyr et user comme de son propre héritaige. Promectons pour nous, noz hoirs, successeurs et ayans cause, avoir aggréable, ferme et estable à tousjoursmais ce présent don et octroy, sans jamais aller ne contrevenir au contraire en manière que ce soit, soubz l'obligation et ypothecque de tous noz biens, meubles et immeubles, présens et advenir. En tesmoing, etc. Donné en nostre chastel de Condey (1), le xviii jour de septembre l'an mil ve et quatre. — Signé : René. Par le roy, les évesque et conte de Verdun (2), bastard de Calabre (3) abbé de St Epvre (4), président de Lorrainne (5) et autres présens. Alexandre Rta H. de Widrange, par Chasteauneuf.

2

Fᵒ 102.

Philippe de Gueldres nomme son fils Antoine de Lorraine son procureur pour reprendre en fief du roi de France la vicomté de Martigues.

Phelippe, par la grace de Dieu etc., à tous etc. Comme monseigneur nous ait présentement fait don de la viconté, terre et seigneurie de Martigue, ses appartenances et dep-

(1) *Condé-sur-Moselle*, aujourd'hui *Custine*, con Nancy-Est.

(2) Varin de Dommartin.

(3) Jean, fils de Jean d'Anjou, duc de Lorraine, et petit-fils du roi René.

(4) Guillaume Gautier, abbé commendataire de St-Epvre-lès-Toul.

(5) Le sieur de Beauvau, président de Lorraine (v. nᵒ 4). On ne sait pas au juste en quoi consistaient ses fonctions.

CAHIER (S) OU PAGE (S) INTERVERTI (S) A LA COUTURE
RETABLI (S) A LA PRISE DE VUE.

DE LA PAGE
À LA PAGE

pendances, à luy escheue par le trespas de feue nostre cousine Charlotte d'Armignac, contesse de Guyse, dont soyons
tenue faire les foy, hommaige et serement de fidélité à monseigneur le roy, de qui elle est tenue, selon la nature d'icelle
seigneurie, et il soit ainsy que présentement ne nous soit
possible tansporter en personne devers mondit seigneur le
roy pour ce faire, savoir faisons que nous, voulans de ce nous
acquicter et faire nostre debvoir envers luy tel qu'il appartient, avons commis, ordonné et depputé, et par ces présentes commectons, ordonnons et depputons, nostre procureur général et certain message espécial, nostre trèschier et
très aimé filz Anthoine de Lorrainne, estant pour le présent
on service dudit seigneur roy, auquel nous donnons plain
pouvoir, auctorité et mandement espécial pour et en nostre
nom faire èz mains dudit seigneur roy, ou de son chancellier,
les foy, hommaige, serement de fidélité et devoirs que
sommes tenue luy faire à cause de laditte viconté, terre et
seigneurie de Martigue, appartenances et deppendances
d'icelle, ensemble touttes autres choses que à ce fait appartient, ainsi que ferions ou faire pourrions si nous mesmes
en personne y estions, jà feust que le cas requist mandement plus especial; supplians très humblement par cesdittes
présentes à mondit seigneur le roy le vouloir à ce recevoir,
et nous faire baillier la joyssance de ladite viconté, terre et
seigneurie de Martigue, appartenances et deppendances. Si
promectons en bonne foy et parolles de princesse tenir et
avoir pour aggréable, ferme et estable à tousjours, tout ce
que par nostredit filz et procureur sera fait et besongnié en
faisant lesdits foy, hommaige, serement et debvoirs dessusdits, comme si nous mesmes l'avions fait, soubs l'obligacion
de tous cez biens, terres et seigneuries. En tesmoing, etc.
Donné.

3

Fᵒ 102 vᵒ.

Philippe de Gueldres nomme ses procureurs, pour prendre possession de le viconté de Martigues : Philippe de Stainville, écuyer, et Jean de Prévost, capitaine de Lambesc et Orgon, tous deux ses conseillers.

L'OFFICE DE VICONTÉ DE MARTIGUE POUR LE Sᵗ DE STAINVILLE.

Philippe, etc. A tous, etc. Comme monseigneur nous ayt présentement fait don de la viconté, terre et seigneurie de Martigue, appartenences et deppendences d'icelle, à luy escheue par le trespas de feue nostre cousine Charlotte d'Armignac, contesse de Guyse, pour prandre la pocession de laquelle et pourveoir au fait de la justice, recepte et gouvernement d'icelle soit besoing commectre gens de par nous, savoir faisons que nous, à plain confians des sens, discrétion, preudommie et bonne dilligence estans èz personnes de noz très chiers et féaulx conseilliers Philippe de Stainville, escuyer, seigneur dudit Stainville, et Jehan du Prévost, nostre cappitaine de Lambesc et Orgon, iceulx et chascun d'eulx, pour ces causes et autres raisonnables nous mouvans, avons fait, ordonné, constitué et estably, et par ces présentes faisons, ordonnons, constituons et establissons noz procureurs généraulx et certains messaiges espéciaulx, ausquelz et chascun d'eulx donnons plain povoir, auctorité et mandement espécial de prendre et appréhender pour et en nostre nom la pocession desdittes viconté, terre et seigneurie de Martigue, appartenences et deppendences d'icelle, et de commectre soubz nostre main, tant au fait de la justice, garde et gouvernement des places, receptes d'icelle, qu'autres choses, gens ydoines et souffizans, en prenans d'eulx le sérement en tel cas requis et accoustumé ; et avec ce leur donnons povoir de substituer ung ou plusieurs procureurs en leur lieu, à leur discrétion, ayans pareille puissance que nosdits procureurs; ausquelx commis, tant par nosdits procureurs que leursdits substituéz ou l'un d'eulx, entendons et voulons estre obéy comme si nous mesmes les y avions commis et substituéz, et autrement leur donnons povoir de besongner au fait dessusdit, les circunstances et deppendences, ainsi que à bons et léaulx procureurs compecte et appartient de faire. Sy promectons etc. Donné en nostre chastel de Condey sur Mezelle, le .. jour de septembre, l'an mil ve et quatre. Signé: Philippe. Par la royne de Cecille, etc.

4

Fo 111 vo.

René II fait don à Antoine de Lorraine, duc de Calabre, son fils, de la vicomté de Martigues.

19 septembre 1504.

DON DE LA VICONTÉ DE MARTIGUE A MONSr DE CALABRE.

René etc., A tous etc.. Comme présentement par le trespas de feue nostre très chière et très amée cousine Charlote d'Armignac, contesse de Guyse, nous soit obvenue et eschoue la vicontey, terre et seigneurie de Martigue, savoir faisons que nous, pour aucunement ayder à l'entretènement de l'estat de nostre très chier et très amé filz Anthoine de Lorraine, duc de Calabre, à iceluy, pour ces causes et autres nous mouvans, avons donné et octroyé, et par ces présentes donnons et octroyons, par pur don irrévocable, ladite viconté, terre et seigneurie de Martigue, appartenences et deppendences d'icelle, sans aucune chose en réserver ne retenir, pour d'ores en avant en joyr comme de son propre héritaige. Promectons, pour nous, noz hoirs, successeurs et ayans cause, avoir pour aggréable, ferme et estable à tousjoursmais ce présent don et octroy, sans jamais aller ne contrevenir au contraire en manière que ce soit, soubz l'obligation et ypothèque de noz biens meubles et immeubles, présens et advenir. En tesmoing... Donné en nostre chastel de Condey le xixe de septembre l'an mil v^e et quatre. — Signé : René. — Par le roy de Sicille, etc., les évesque et conte de Verdun, bastard de Calabre, abbé de St Epvre, s^r de Beauvau, président de Lorrainne et autres présens. Dupuis. R^u H. de Widrange.

5

F° *103* (1).

René II nomme son fils Antoine de Lorraine pour reprendre en fief du roi de France les comté de Guise, vicomté de Châtellerault, terre et seigneurie de Sablé, etc.

20 septembre 1504.

René, etc., A tous ceulx qui cez présentes lettres verront, salut. Comme par le trespas de feue nostre très chière et très amée cousine Charlotte d'Armignac, contesse de Guyse, nous soient obvenues et escheues les conté dudit Guyse, vicomté de Chastel Rault, terre et seigneurie de Sablé (2) et autres seigneuries mouvans en fied de monseigneur le roy et autres (3) dont soyons tenu (4) faire lez foy, homaige (5) et sèrement de fidélité selon la nature desdictes terres et sei-

(1) On trouve au verso du même feuillet la copie d'un acte entièrement semblable, sauf les différences indiquées dans les notes suivantes.

(2) Seconde copie : *Sabley.*

(3) Idem : Les mots *et autres* ne s'y trouvent pas.

(4) Idem : *tenu luy faire.*

(5) Idem : *hommaige.*

gneuries, et il soit ainsy que, présentement, pour pluseurs (1) affaires que journellement nous sourviennent où
sommes (2) ocupéz, ne nous soit possible aller en personne
vers mondit seigneur le roy et autres de qui elles sont mouvans (3), avons commis, ordonné et député, et par ces présentes commectons, ordonnons et députons nostre procureur
général et certain messaige especial nostre très chier et très
amé filz Anthoinne de Lorrainne, estant pour le présent
on service dudit seigneur roy (4), auquel nous donnons
plain povoir, auctorité et mandement espécial pour et en
nostre nom faire èz mains dudit seigneur roy, de (5) son
chancellier et autres qu'il appartiendra (6), les foy, hommaige, sèrement de fidélité et devoirs que sommes tenus
faire (7) à cause desdites conté, viconté, terres et seigneuries
dessusdites, ensemble touttes autres choses que à ce fait
appartient, ainsy que ferions ou faire pourrions (8) sy
nous meismes (9) en personne y estions, jà feust que la
chose requist mandement plus espécial ; supplians très
humblement par cesdites présentes à mondit seigneur le roy,
et prians tous autres desquelx aucunes desdites seigneuries

(1) Idem : *pluseurs grans affaires.*

(2) Idem : *summes.*

(3) Idem : au lieu de : « *vers mondit seigneur le roy et
autres de qui elles sont mouvans* », il y a « *devers luy pour
ce faire , savoir faisons que, voulans de ce nous acquicter
et faire nostre devoir tel qu'il appartient envers luy* ».

(4) Idem : *de mondit seigneur le roy.*

(5) Idem : au lieu de *de*, il y a *ou.*

(6) Idem : les mots « *et autres qu'il appartiendra* » ne s'y
trouvent pas.

(7) Idem : *summes tenus luy faire.*

(8) Idem : *pouriens.*

(9) Idem : *nous mesmes.*

sont tenues (1), le vouloir : « — recevoir, et nous faire bailler la jouyssance desdites ?e.ité, viconté, terres et seigneuries (2), leurs (3) apparlenences et dependences. Sy promectons en bonne foy et parolle de prince tenir et avoir pour aggréable. ferme et estable à tousjours tout ce que par nostredit fiiz et procureur Anthoinne (4) y sera fait et besoingné, en faisant lesdits foy et hommaige, sèrement et devoirs dessusdits, comme sy nous meismes (5) l'avions fait, soubz l'obligacion de tous noz biens, terres et seigneuries. En tesmoing de ce, nous avons à cesdites présentes, signées de nostre main, fait mectre (6) et appendre nostre seel. Donné en nostre chastel de Condé sur Mezelle le **xx**ᵉ jour de septembre, l'an mil cinq cens et quatre. — Ainsy signé : René. — Et dessous le ploict : Par le roy, les évesque et conte de Verdun, bastart de Calabre, abbé de St Eupvre (7) Sʳ de Beauvau (8), président de Lorrainne, et autres présens, et du secrétaire F. Dupuis. Rᵗᵃ H. de Widrange, pro Chasteauneuf.

(1) Idem · Les mots « *et priant tous autres desquelx aucunes desditles seigneuries sont tenues* » ne s'y trouvent pas.

(2) Idem : *dessusdittes.*

(3) Idem : *les*

(4) Idem : le mot *Anthoinne* ne s'y trouve pas.

(5) Idem : *mesmes.*

(6) Idem : *mettre.*

(7) Idem : L'abbé de Saint-Epvre est nommé avant le bâtard de Calabre.

(8) Idem : Les mots *Sʳ de Beauvau* ne s'y trouvent pas.

6

F° 110 v°.

René II nomme ses procureurs, pour prendre possession des comté de Guise, vicomté de Châtellerault, terre et seigneurie de Sablé, etc.: Jean de Haraucourt, seigneur de Chauvency, et Louis Merlin, général de ses finances et président de ses comptes de Bar, tous deux ses conseillers.

20 septembre 1504.

PROCURE POUR PRENDRE LA POCESSION DE LA CONTÉ DE GUYSE, VICONTÉ DE CHASTELLERAULT ET SEIGNEURIE DE SABLEY.

René etc. A tous etc. Comme par le trespas de feue nostre très chière et très amée cousine Charlotte d'Armignac, contesse de Guyse, nous soyent obvenues et escheues les contey de Guyse, viconté de Chastellerault, la terre et seigneurie de Sabley et autres seigneuries, pour prendre la pocession desquelles et pourveoir au fait de la justice, recepte et gouvernement desdits lieulx soit besoing commectre gens de par nous, savoir faisons que nous, à plain confians des sens, discrétion, preudommie et bonne dilligence estans èz personnes de noz très chiers et féaulx chambellan et conseilliers Jehan de Harrecourt, sr de Chavency, et Me Loys Merlin, général de noz finances et président de noz comptes à Bar, iceulx et chascun d'eulx, pour ces causes et autres raisonnables nous mouvans, avons fait, ordonné, constitué et estably, et par ces présentes faisons, ordonnons, constituons et establissons noz procureurs généraulx et certains messaiges espéciaulx, ausquelz et chascun d'eulx donnons plain povoir, auctorité et mandement espécial de prendre et appréhender pour et en nostre nom la pocession desdites conté, viconté, terres et seigneuries dessus declairées, ainsi à nous obvenues et escheues comme dist est, et de commectre soubz nostre nom et jusques à nostre bon plaisir tant au fait de la justice, garde des places, receptes desdits lieulx que autres choses, gens ydoines et suffisans en prenant d'eulx le serment en tel cas requis et accoustumé. Et avec ce leur donnons povoir de substituer ung ou plusieurs procureurs en leur lieu, à leur discrétion, ayans pareille puissance que nosdits procureurs, ausquelz commis, tant par nosdits procureurs que leursdits substituéz ou l'un d'eulx, entendons et voullons estre obéy comme si nous mesmes les y avions commis et instituéz, et autrement leur donnons povoir de besongzer au fait dessusdit les circonstances et deppendences, ainsi que à bons et léaulx procureurs compecte et appartient de faire. Si promectons en bonne foy et parolle de prince, de tenir et avoir pour aggréable ferme et estable tout ce que par nosdits procureurs ou l'un d'eulx sera fait et besongné en ce que dessus, comme si nous mesmes fait l'avyons, soubz l'obligation de noz terres et seigneuries. En tesmoing... Donné en nostre chastel de Condey sur Meselle le ... jour de septembre mil vc et quatre. — Signé : René. Par le roy de Sicille etc., les évesque et conte de Verdun, bastard de Calabre, abbé de St Epvre, président de Lorrainne, présens. Alexandre Rt H. de Widrange pro Chasteauneuf.

7

Fo 118.

René II fait don à son fils Claude de la vicomté de Martigues.

3 octobre 1504.

DON DE LA VICONTEY DE MARTIGUE AUDIT MONSr CLAUDE (1).

René etc. Comme par le trespas de feue nostre très chière

---

(1) Cette copie suit celle de l'acte d'émancipation de Claude de Lorraine, tige de la maison de Guise. Nous donnons en *appendice* ce document, que nous croyons inédit.

et très amée cousine Charlote d'Armignac, contesse de Guyse, nous soit obvenue et escheue la vicontey, terre et seigneurie de Martigue, par droit de succession et comme plus prochain et légitime héritier, savoir faisons que nous, pour ayder à l'entretènement de l'estat de nostre très chier et très amé filz Claude de Lorraine; à iceluy, pour ces causes et autres raisonnables nous mouvans, avons donné, cédé et transporté, et par ces présentes donnons, cédons et transportons, par pur et irrévocable don fait entre les vifz, ladite terre et seigneurie de Martigue, appartenences et deppendences d'icelle, sans aucune chose en réserver ne retenir, pour d'ores en avant en joyr et faire comme de son propre héritaige. Promectant pour nous, noz hoirs, successeurs et ayans cause avoir agréable, ferme et estab'e à tousjoursmais ce présent don et octroy, sans jamais aller ne contrevenir au contraire en manière que ce soit, soubz l'obligation et ypothecque de tous noz biens, meubles et immeubles, présens et advenir. En tesmoing... Donné en nostre chastel de Condé sur Mezelle, le iiiᵉ jour d'octobre mil vᶜ et quatre. — Signé : René. Par le roy de Sicile, etc., le sʳ de Taysey, maistre d'ostel Hardy Tillon, président de Lorraine, et autres présens. F. du Puis. Rᵗᵃ H. de Widrange pro Chasteauneuf.

8

Fᵒ 137 rᵒ.

René II rachète une rente de 500 livres tournois que le seigneur de Warnembourg avait sur le comté de Guise.

25 novembre 1504.

PROCURE POUR EMPRUNTER ARGENT ET CONSTITUER RENTE
POUR RESTITUTION (?) D'ICELLE.

René, etc. Comme par le trespas de feue nostre cousine Charlotte d'Armignac, contesse de Guyse, nous soit obvenue

et escheue, entre autres terres et seigneuries, ladite conté de
Guyse, comme son prochain héritier à cause de la maison
d'Anjou, sur laquelle conté de Guyse et ses appartenences le
seigneur de Darnembourg (1) disoit avoir droit de prendre et
percevoir la somme de cinq cens livres tournois de rente
chacun an, à rachapt, dont eust esté appoincté dès le vivant
de nostreditte feue cousine avec ledit seigneur de Warnembourg, tant pour le rachapt de ladite rente que arréraige,
à la somme de XII livres tournois pour une fois, et il soit
[ainsy] que le droit dudit rachapt nous appartiengne présentement, lequel ayons ordonné faire, et que pour fournir
à laditte somme de XII livres tournois (2)........... nous
ayt présenté et délivré manuellement ès mains de nostre très
chier et féal conseillier et président de nostre chambre des
comptes à Bar, maistre Loys Merlin, la somme de..........
voulans l'asseurer de payement et restitution d'icelle somme
comme il appartient, confians à plain des fois, discrétion, preudommie et bonne prudence estant ez personnes de nostre très
chier et féal conseillier et séneschal de Barroys, Loys de
Stainville, escuyer, seigneur dudit Stainville, et de nostredit
président, iceulx avons fait, ordonné, constitué et estably, et
par ces présentes faisons, ordonnons, constituons et establissons noz procureurs généraulx et certains messaiges espéciaulx,
ausquels, et chascun d'eulx particulièrement, avons donné
et donnons povoir, auctorité et mandement espécial de constituer rente..... au pris (?) de laditte somme de....... par luy
prestée sur aucunes de noz terres et seigneuries qu'avons en
Normendie ou Picardie, ainsi qu'ilz adviseront pour le
mieulx, et d'en passer et créanter lettres pour et en nostre
nom telles qu'il appartiendra, lesquelles ainsi passée nous
déclairons estre bonnes et vallables et d'autel efficace et

(1) *Sic.* V. plus loin *Warnembourg.*

(2) Cette lacune (4 ou 5 mots), ainsi que celles qui suivent,
existe dans la copie.

valeur, comme si nous mesmes faictes et passées les avyons moyennant que nous pourrons racheter icelle rente à tous noz bons points et quant il nous plaira, en rendant audit la somme de......... toute à une fois, avec les arréraiges s'aucuns en estoyent deuz, sans rien rabatre ou diminuer de ladite somme de.......... à cause de ladite rente qui en avoit esté payée. Sy promectons en bonne foy, parolle de prince, et soubz l'obligation de tous noz biens, terres et seigneuries, tenir et avoir pour agréable, ferme et estable à tousjoursmais tout ce que par nosdits procureurs et chascun d'eulx sera fait et besoingné en ce que dessus, sans y contrevenir ne aller au contraire en aucune manière. En tesmoing... Donné en nostre ville de Neufchastel, le xxve jour de uovembre l'an mil cinq cens et quatre. — René. Par le roy de Sicille, les évesque et conte de Verdun, prévost des chanoynes de Nancy et autres présens. F. du Puis. R^u Alexandre.

9

F° 138 v°.

René II nomme ses procureurs, pour reprendre en fief du roi de France les comté de Guise, terres et seigneuries de Nouvion, Châtellerault, Sablé et Lunel : Louis de Stainville, sénéchal de Barrois, et Louis Merlin, général de ses finances et président de ses comptes de Bar, tous deux ses conseillers.

25 novembre 1504.

AUTRE PROCURE.

René, etc. A tous. Comme par le trespas de feue nostre cousine Charlote d'Armignac, contesse de Guyse, ladite conté de Guyse, terres et seigneuries de Nouvyon, Chastel Rault, Sabley et Lunel, avec leurs appartenences et deppendences, nous soyent obvenues et escheues comme son prochain héritier

à cause de la maison d'Anjou, desquelles nous désirons faire
les foy, hommaiges et devoirs telz qu'il appartient et que
lesdittes seigneuries le requièrent envers nostre très re-
doubté seigneur le roy de France, [de] qui elles meuvent et
sont tenues en fief, pour laquelle chose faire ne nous soit
présentement possible transporter en personne devers luy
pour plusieurs noz grans affaires, savoir faisons que, voulans nous en acquicter et faire ledit debvoir, confians
à plain des fois, discrétion, preudommie et bonne diligence
estans èz personne de noz très chiers et féaulx conseilliers
Loys de Stainville, escuyer, seigneur dudit lieu, nostre
séneschal de Barroys, et maistre Loys Merlin, général de
nos finances et président de noz comptes à Bar, iceulx pour
ces causes avons fait, ordonné, constitué et estably, et
par ces présentes faisons, ordonnons, constituons et establissons noz procureurs généraulx et certains messaiges
espéciaulx, ausquelx, et chascun d'eulx particulièrement,
avons donné et donnons plain povoir, auctorité et mandement espécial de nostre personne représenter par devant
ledit seigneur roy, et faire en nostre nom en ses mains, de
son chancellier ou autres que par luy sera commis, les foy,
hommaiges et sèrement de fidélité et devoirs que luy sommes
tenu faire à cause desdittes conté de Guyse, terres et seigneuries dessusdittes, selon la nature d'icelles et coustume
des lieulx où elles sont situées et assises, requérir la main
levée et joyssance, et autrement faire en ce que dessus,
comme à bons procureurs peult et doyt compecter et appartenir, et que ferions ou faire pourrions se présent en nostre
personne y estions, ja feust que le cas requist mandement
plus espécial; supplians très humblement audit seigneur roy
nous avoir et tenir pour excusé et vouloir ad ce admectre et
recevoir nosdits procureurs pour et en nostre nom; ausquelx
noz procureurs dessus nomméz, et chascun d'eulx, donnons
pareillement povoir de substituer ung ou plusieurs procureurs, avec telle et pareille puissance que leur avons cy

devant donnée. Se promectons en bonne foy et parolles de
prince de tenir et avoir pour agréable, ferme et estable
à tousjours tout ce que par noz devant dits procureurs, leurs
substituz ou l'un d'eulx, sera fait et besoingné, ez choses
dessusdites, leurs circunstances et deppendences, sans y contrevenir ne aller au contraire en aucune manière, soubz
l'obligation de tous noz biens, terres et seigneuries. En
tesmoing, etc. Donné en nostre ville du Neufchastel, le xxv^e
jour de novembre l'an mil v^c et quatre. — Signé : René. Par
le roy de Sicille etc., las évesque et conte de Verdun,
prévost des chanoines de Nancy, et autres présens. F. du
Puis. R^{ta} Alexandre.

10

F° 173.

**René II confirme dans ses fonctions Guillaume Courtin,
bailli du comté de Guise.**

18 mars 1504 (1505 n. st.)

CONFIRMACION DE L'OFFICE DE BAILLY DU CONTÉ DE GUIZE POUR
MAISTRE GUILLAUME COURTIN.

René, etc. A tous etc., salut. Savoir faisons que pour con-
sidéracion des bons, continuelz, louables et recommandables
services que nostre très chier et bien amé maistre Guillaume
Courtin, bailly de nostredite conté de Guyse, a faiz à feuz
noz très chiers et très aiméz cousins les feuz ducs de Nemours derniers décédéz, et à feues noz très chières et très
amées cousines leurs seurs, que Dieu absoillent (sic), et
espérons que à nous face pour l'advenir, confians de ses
sens, discrétion, loyaulté et bonne dilligence ; à icelluy
maistre Guillaume Courtin, pour ces causes et autres à ce
nous mouvans, avons confermé, octroyé et donné, confer-

mons, octroyons et donnons par ces présentes ledit office de
bailly de nostreditte conté de Guyse qu'il a tenue et excercée
par cy devant, vacquant à présent parce que depuis que
ladite conté de Guyse nous est escheue n'y avons encores
pourveu, pour ledit office avoir et d'ores en avant tenir par
ledit maistre Guillaume Courtin aux honneurs, gaiges, droiz,
prouffictz, prééminences et émolumens acoustuméz et qui y
appartiennent tant qu'il nous plaira. Sy donnons en mandement..... (1).

(1) Nous jugeons inutile de poursuivre plus loin la trans-
cription de cet acte, lequel est fort long.

APPENDICE

RENÉ II, DUC DE LORRAINE, ÉMANCIPE SON FILS CLAUDE ET LUI DONNE POUR TUTEUR SON CHAMBELLAN, THOMAS DE PAFFENHOVEN.

5 octobre 1504.

ÉMANCIPATION POUR MONSEIGNEUR CLAUDE DE LORRAINE.

René, etc. A tous etc. Savoir faisons que nous, pour aucunes causes raizonnables nous mouvans, par l'advis et délibération des gens de nostre conseil, avons émancipé et mainmis, émancippons et mectons hors de noistre mambournie, puissance et administration paternelle, nostre très chier et très amé filz Claude de Lorraine; et, pour ce qu'il est encore jeune et en minorité d'eage, pour soy et ses biens régir et gouverner comme requis seroit, confians à plain des sens, discrétion, preudommie et autres bonnes et louables vertus estans en la personne de nostre très chier et féal conseillier, chambellan et seneschal de Lorraine messire Thomas de Pafenhoffen, chevalier, sr de Thelo et d'Acraingne, iceluy avons créé, commis et ordonné, et par ces présentes créons, commectons et ordonnons son tuteur, acteur et curateur, auquel avons donné et donnons povoir et auctorité de régir et gouverner d'ores en avant le corps et biens, terres et seigneuries de nostredit filz, et en lever et recevoir le revenu, ou commectre gens souffisans à ce faire, soit représenter pour luy en jugement et dehors, passer et créanter pour et en son nom toutes manières de contracts, pourchasser ses affaires et autrement besongner comme il congnoistra estre le proffit de nostredit filz, et avec ce toute telle puissance et auctorité que à bon, loyal et légitime tuteur, acteur et curateur appartient, tant de droit que us et coutume de pays ; et ce que par luy ou sesdits commis aura esté fait et besongné, en ce que dessus, les circunstances et deppendences, auctorisons et déclairons estre vallable et d'autel efficace, comme si nostredit filz estant en aage compectant et hors de toute puissance paternelle fait l'avoyt ; duquel séneschal avons receu promesse, obligation et caution souffisans de bien et léalment soy acquiter d'icelle charge, et d'en rendre bon compte et relicquat (?) quant et où il appartiendra. En tesmoing... Donné en nostre chastel de Condé sur Mezelle, le ve jour d'octoore mil v^e et quatre. — Signé : René. Par le roy de Sicile, les seigneur de Taysey, maistre d'ostel, Hardy Tillon. président de Lorraine et autres présens. F. du Puis. R^{ta}. H. de Widrange pro Chasteauneuf.

(B 9, f° 117, v^o.)

TABLEAU CHRONOLOGIQUE

DES

SEIGNEURS, COMTES ET DUCS DE GUISE

DEPUIS LA FIN DU XIIe SIÈCLE.

—

1. Thibaut de Champagne, dit le Bon, comte de Blois et de Chartres, marié à Alix de France, mort en 1191.

2. Marguerite de Champagne, fille des précédents, héritière du comté de Blois et de la seigneurie de Guise, épouse Gauthier II, seigneur d'Avesnes, de Leuse et de Landrecies (1).

3. Marie d'Avesnes, fille unique des précédents, comtesse de Blois et dame de Guise, morte en 1241, épouse

---

(1) C'est d'après M. Lecoy de la Marche (*le roi René*, I, 21, note 3) que nous donnons la terre de Guise à la mère et à l'aïeul maternel de Marie d'Avesnes. Cependant, vers la même époque, vivait Jacques d'Avesnes, marié à *Ameline de Guise* (Moréri, v° *Avesnes*). — Touchant la transmission du comté de Guise à la Maison de Lorraine, v. le récent travail de MM. E. Briard et H. Lepage *Des titres et prétentions des ducs héréditaires de Lorraine*, dans les *Mémoires de la Société d'Archéologie lorraine* de 1885, notamment pages 328-330 et 389-390.

Hugues Ier de Châtillon, comte de Saint-Pol, mort le 9 mai 1248.

4. Jean Ier de Châtillon, fils aîné des précédents, comte de Blois, de Chartres et de Dunois, seigneur d'Avesnes, etc., mort le 28 juin 1279; marié à Alix de Bretagne, fille de Jean, duc de Bretagne.

5. Jeanne de Châtillon, fille unique des précédents, comtesse de Blois, de Chartres, de Dunois, dame d'Avesnes, de Guise, de Leuse, de Condé, de Landrecies, mariée en 1272 à Pierre de France, comte d'Alençon et du Perche, 5e fils de saint Louis; morte sans postérité le 19 janvier 1291.

6. Hugues II de Châtillon, fils de Gui II de Châtillon, comte de Saint-Pol, ce dernier second fils de Hugues de Châtillon, frère de Jean Ier et oncle de Jeanne, qui précèdent; il hérita de sa cousine, fut comte de Blois, et de Dunois, seigneur d'Avesnes, de Guise, etc., épousa Béatrix de Dampierre, et mourut vers l'an 1303.

7. Gui Ier de Châtillon, fils aîné des précédents, comte de Blois et de Dunois, seigneur d'Avesnes et de Guise, etc., épousa, en 1298, Marguerite de Valois, sœur du roi Philippe VI, et mourut en 1342.

8. Charles de Châtillon, dit de Blois, fils des précédents, prétendant au duché de Bretagne, marié, en 1337, à Jeanne de Penthièvre; tué le 29 septembre 1364.

9. Marie de Châtillon, dite de Blois, fille des précédents, épouse, le 9 juillet 1360, Louis Ier de France-Anjou, duc d'Anjou, morte le 12 novembre 1404. Louis meurt le 20 septembre 1384, assignant Guise à son fils cadet.

10. Charles d'Anjou, prince de Tarente, fils cadet des

précédents, reçoit Guise en apanage ; il meurt , sans alliance, le 19 mai 1404.

11. Louis II, duc d'Anjou, comte de Provence et du Maine, frère aîné du précédent, hérite à sa mort de la terre de Guise ; il épouse Yolande d'Aragon et meurt le 29 avril 1417.

12. René d'Anjou, dit le roi René, marié à Isabelle de Lorraine, puis à Jeanne de Laval. Le comté de Guise lui est disputé par Jean de Luxembourg ; René le lui vend en 1432.

13. Jean de Luxembourg, comte de Ligny, se fait donner le comté de Guise par le roi d'Angleterre en 1422, s'en empare en 1424 et l'achète de René d'Anjou en 1432 ; le roi de France prononce la confiscation du comté en 1435. Jean épouse Jeanne de Béthune, vicomtesse de Meaux, et meurt, sans postérité, le 5 janvier 1441.

14. Charles VII, roi de France, accomplit à la mort de Jean de Luxembourg la confiscation du comté de Guise, prononcée en 1435 ; en 1443, il donne ce comté à Charles d'Anjou.

15 Charles d'Anjou, comte du Maine, frère du roi René, reçoit le comté de Guise, du roi de France, nominalement par lettres du 29 janvier 1436, et effectivement par lettres du 4 février 1444, enregistrées le 4 juillet ; ce don lui est fait à l'occasion de son mariage, contracté le 29 août 1443, avec Isabelle de Luxembourg, fille de Pierre, comte de Saint-Pol et nièce de Jean, ci-dessus. Louis de Luxembourg, comte de Saint-Pol, neveu de Jean, revendique la succession du comté de Guise. Charles d'Anjou meurt le 10 avril 1473.

16. Charles IV d'Anjou, comte du Maine, etc., fils

du précédent, possède le comté de Guise. Il meurt, sans alliance, le 11 décembre 1481, ayant institué son légataire universel le roi Louis XI.

17. Louis XI, roi de France, légataire du précédent, jouit du comté de Guise jusqu'à sa mort, 30 août 1483.

18. Charles VIII, roi de France, fils du précédent, donne le comté aux héritiers de la maison d'Anjou, c'est-à-dire aux enfants de Jacques d'Armagnac, duc de Nemours, et de Louise d'Anjou, sœur de Charles IV, par provisions du 5 mars, puis par lettres du 2 août 1484; il le donne effectivement à Louis d'Armagnac en 1492.

19. Louis d'Armagnac, second fils de Jacques d'Armagnac, duc de Nemours, et de Louise d'Anjou, sœur de Charles IV, reçoit le comté de Guise, du roi de France, d'abord avec ses frère et sœurs par provisions de l'année 1484, puis en particulier par lettres du 29 mars 1492, vérifiées le 18 avril suivant. Louis devient duc de Nemours et vice-roi de Naples ; il est tué, à Cérignoles, le 28 avril 1503, sans avoir été marié.

20. Marguerite d'Armagnac, aînée des sœurs de Louis, recueille son héritage ; elle épouse, le 15 juin 1503, Pierre de Rohan, seigneur de Gié, maréchal de France, et meurt, sans enfants, peu de temps après.

21. Charlotte d'Armagnac, sœur de Marguerite, recueille sa succession ; elle épouse Charles de Rohan, seigneur de Gié, vicomte de Fronsac, fils, d'un premier lit, de Pierre de Rohan, fait son testament le 12 août 1504 et meurt, sans postérité, avant le 18 septembre suivant. Son mari conserve l'usufruit du comté jusqu'en 1527 (v. n° 23).

22. René II, duc de Lorraine, cousin issu de germain

de Charlotte d'Armagnac, revendique son héritage dès le 18 septembre 1504 et prend le titre de comte de Guise. De nombreuses contestations se produisent; Charles de Rohan garde cette terre en usufruit; René II meurt le 10 décembre 1508, ayant assigné le comté de Guise à son fils Claude.

23. Claude de Lorraine, fils puîné du précédent, réclame le comté de Guise, dont, après plusieurs procès, la propriété lui est reconnue, en 1520. Le 8 janvier 1527, Charles de Rohan cède son usufruit au roi François Ier; par lettres du 26 suivant, enregistrées le 5 juin, le roi abandonne le comté à son propriétaire légitime. En janvier 1528, François Ier érige le comté de Guise et autres terres en duché-pairie. Claude de Lorraine meurt le 12 avril 1550.

24. François de Lorraine, duc de Guise, etc., fils aîné de Claude, lui succède; il meurt le 25 février 1563.

25. Henri de Lorraine, duc de Guise, etc., dit le Balafré, fils aîné de François; assassiné le 23 décembre 1588.

26. Charles de Lorraine, duc de Guise, etc., fils aîné de Henri; mort le 30 septembre 1640.

27. Henri II de Lorraine, duc de Guise, etc., fils de Charles; mort en 1664, sans postérité.

28. Louis-Joseph de Lorraine, neveu de Henri II qui précède et fils de Louis, duc de Joyeuse, fut duc de Guise, etc.; il mourut, âgé de 21 ans, le 30 juillet 1671.

29. François-Joseph de Lorraine, fils unique de Louis-Joseph, duc d'Alençon, de Guise, de Joyeuse et d'Angoulème, etc., décédé en 1675, âgé de 5 ans.

30. Marie de Lorraine, dite Mademoiselle de Guise, fille de Charles, duc de Guise (n° 26), et grand'tante de François-Joseph, recueillit le riche héritage de ce dernier ; elle mourut sans alliance en 1688.

31. Anne de Bavière, princesse palatine, mariée le 11 décembre 1663 à Henri-Jules de France-Bourbon, prince de Condé, s'empara induement de la succession de Mademoiselle de Guise, qui aurait dû revenir à la branche d'Elbeuf. Elle était fille d'Edouard de Bavière, prince palatin du Rhin, et d'Anne de Gonzague : elle descendait de la Maison de Lorraine-Guise par cette dernière dame, fille de Charles de Gonzague-Clèves, duc de Rethel et de Nevers, puis de Mantoue et de Montferrat, et de Catherine de Lorraine, celle-ci fille de Charles, duc de Mayenne, petite-fille de François, duc de Guise. Henri-Jules de Condé mourut le 1er avril 1709, et Anne de Bavière, le 23 février 1723, en sa 75e année. — Voici les successeurs de ces derniers, jusqu'à la Révolution.

32. Louis III, duc de Bourbon, prince de Condé, dit le Duc de Bourbon, mort le 3 mars 1710.

33. Louis-Henri, duc de Bourbon, prince de Condé, mort, à l'âge de 48 ans, le 27 janvier 1740.

34. Louis-Joseph, prince de Condé, mort le 13 mai 1818.

FIN.

NANCY. — Imprimerie de G. Crépin-Leblond, Passage du Casino.